“十四五”职业教育江苏省规划教材

“十三五”江苏省高等学校重点教材

新编21世纪高等职业教育精品教材 · 通识课系列

现代礼仪技能

MODERN ETIQUETTE SKILLS

（第二版）

主　编 ◎ 吴蕴慧

副主编 ◎ 赵　睿　李耀华　杨群欢　陆锋明　江夏清

中国人民大学出版社

· 北京 ·

图书在版编目（CIP）数据

现代礼仪技能 / 吴蕴慧主编 . -- 2 版 . -- 北京：中国人民大学出版社，2025.9. --（新编 21 世纪高等职业教育精品教材）. -- ISBN 978-7-300-34089-0

Ⅰ. K891.26

中国国家版本馆 CIP 数据核字第 2025R7T877 号

“十四五”职业教育江苏省规划教材
“十三五”江苏省高等学校重点教材
新编 21 世纪高等职业教育精品教材 · 通识课系列
现代礼仪技能（第二版）
主　编　吴蕴慧
副主编　赵　睿　李耀华　杨群欢　陆锋明　江夏清
Xiandai Liyi Jineng

出版发行	中国人民大学出版社		
社　址	北京中关村大街 31 号	邮政编码	100080
电　话	010－62511242（总编室）		010－62511770（质管部）
	010－82501766（邮购部）		010－62514148（门市部）
	010－62511173（发行公司）		010－62515275（盗版举报）
网　址	http://www.crup.com.cn		
经　销	新华书店		
印　刷	天津中印联印务有限公司	版　次	2021 年 10 月第 1 版
开　本	787 mm × 1092 mm　1/16		2025 年 9 月第 2 版
印　张	15	印　次	2025 年 9 月第 1 次印刷
字　数	312 000	定　价	45.00 元

前 言

礼仪是一门综合性的行为科学，是人类为维护有序的社会秩序、稳定的社会环境以及和谐的人际关系，对社会共同体提出的基本道德规范和行为规范要求，是人们在长期共同生活和相互交往中逐渐形成，并以风俗、习惯等方式固定下来的一种约定俗成的共性契约。礼仪与特定的社会制度以及社会的物质文明、精神文明水平密切相关。我国礼仪文化源远流长，博大精深，享有“礼仪之邦”之盛誉。本教材贯彻党的二十大“落实立德树人根本任务”“增强中华文明传播力影响力”精神，以继承中华民族讲礼重仪的优良传统、涵养内外兼修的美育美善、滋育真诚尊重的交往之道、历练爱岗敬业和精益求精的职业素养为宗旨，将中华优秀传统礼仪文化与国际通用礼仪准则相结合，数字技术赋能，拓展教学时空，探索“互联网 +”课程思政育人新路径，将学礼明礼与传道授业融为一体，知行合一，素能并重，解决礼仪素养难以养成的痛点。本教材先后被评为“十三五”江苏省高等学校重点教材、“十四五”职业教育江苏省规划教材。

为更好地对接公共管理与服务等专业高质量发展对职业素养的新要求，在对本教材进行修订时，我们立足培养具有传统礼仪文化底蕴、懂得国际通用礼仪准则、在职业活动和交往中能行礼知仪的高素质技术技能人才，并根据窗口形象岗位标准要求，按照个人、社会、职场逻辑序化结构，由单项到综合构建教学内容。本教材由校企双师联合编写、共同开发，以典型的工作任务为载体，将工作岗位中的“礼仪规范”“礼仪活动”“礼仪素养”解析、组合、设计为教学项目，融合中华优秀传统文化、企业文化、职业标准、员工培训标准、职业技能等级标准、专业技能大赛标准，项目引领、任务驱动、能力导向，以“战”为“训”，实现知识、技能、素养的一体化提升，促成学礼、守礼、达礼的进阶。

本教材的模块一、模块二由吴蕴慧编写；模块三项目五、项目六由杨群欢、江夏清、李耀华编写；模块三项目七由赵睿编写。教材中技能展示视频由陆锋明负责，苏州书香服务股份有限公司、苏政服务公司协助开发、制作。全书由吴蕴慧进行整体框架设计并统稿。

由于编写时间紧迫，加上编者水平有限，书中难免有不足或疏漏之处，真诚地希望广大读者提出宝贵意见和建议。

编者

目 录

模块一 个人修齐篇

模块二 社会交往篇

模块三　职业活动篇

模块一

个人修齐篇

项目一

涵养传统礼仪底蕴

动画导课：穆穆之礼，肃肃之仪——走进礼仪的前世今生

知礼学仪

不学礼，无以立。——孔子

人无礼则不生，事无礼则不成，国家无礼则不宁。——荀子

礼义廉耻，国之四维，四维不张，国乃灭亡。——管子

国尚礼则国昌，家尚礼则家大，身尚礼则身修，心尚礼则心泰。——颜元

学习目标

◎ 知识目标

理解礼仪的内涵和起源；

领悟礼仪的特征和原则；

熟知礼仪修养的途径和方法。

◎ 技能目标

能够把握礼仪的内涵、特征和原则；

能够根据自身情况制定礼仪修养方案。

◎ 素养目标

结合社会生活中的文明礼仪新风尚，深刻体会礼仪在现代社会中的地位和作用；

知晓中华优秀传统礼仪文化的精髓，理解并认同中华礼仪，将尊师重道、仁爱忠义、诚实守信、谦让宽容等礼仪传统与礼仪修养相融合，外塑形象，内练气质。

思维导图

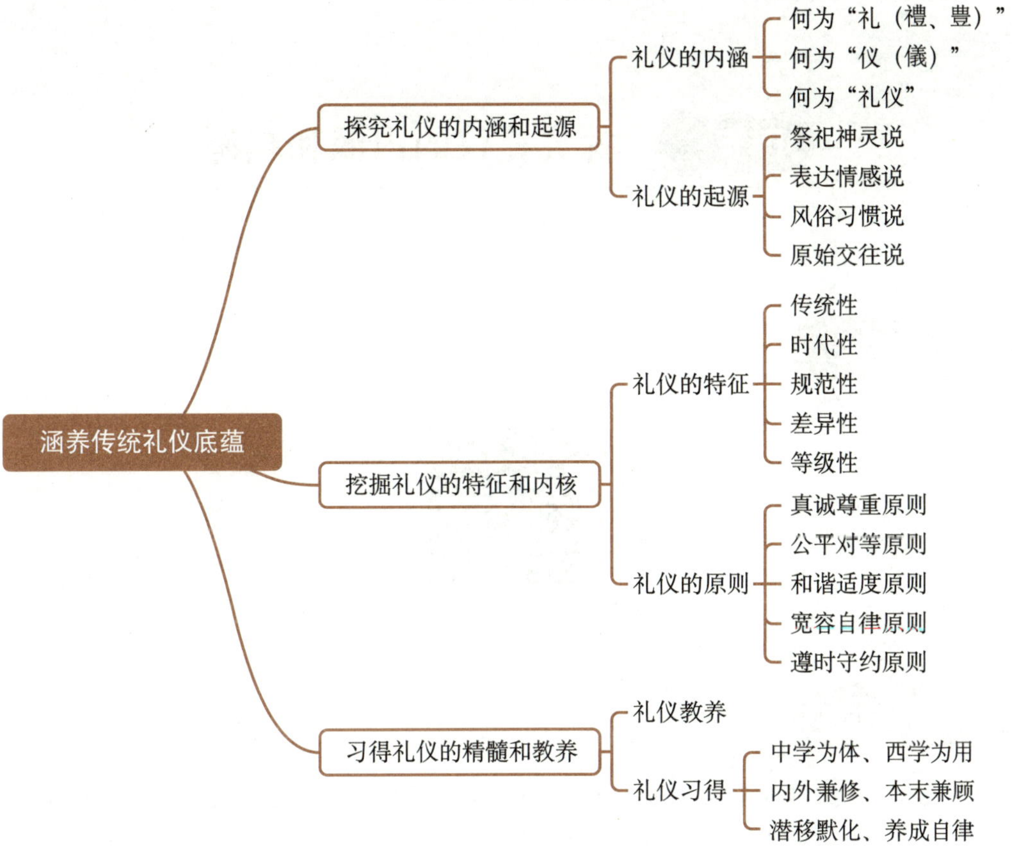

项目描述

书香服务股份有限公司是一家主要从事商务服务的公司。公司以道德讲堂建设为基础，挖掘传统礼仪文化基因密码，将“知礼汤汤，达礼润心”活动作为公司价值引导的重要手段和常态工作，为员工指明“企业的做事风格”，强化行为引导和习惯养成，将企业对员工工作、学习、成长的基本要求与道德规范根植于心，形成企业员工的集体记忆，增强员工的归属感、认同感，为企业高质量发展提供坚实的思想保证和精神动力。书香服务股份有限公司因此也成为企业文化和精神文明建设的“工作标杆”。

公司党委党建部要求相关部门坚定文化自信、坚持守正创新，策划、开发“知礼汤汤，达礼润心”系列活动，追溯礼仪的缘起、探寻中华优秀传统礼仪文化的精髓，以德润身，以礼践行。

任务清单

追根溯源、尊礼重仪——探究礼仪的内涵和起源

导德齐礼、克己慎行——挖掘礼仪的特征和内核

以德润身、以礼践行——习得礼仪的精髓和教养

任务一 探究礼仪的内涵和起源

见微知礼

微课：探究礼仪的内涵和起源

案例导入

公元前 537 年（鲁昭公五年），鲁昭公去晋国朝拜晋平公。春秋时期，国家之间的迎宾仪式从郊劳开始，步步为礼，极其复杂。晋国在郊外举行郊劳，包括馈赠等一连串繁杂的外交仪式，鲁昭公都做得非常到位。晋平公非常欣赏鲁昭公，对大夫女叔齐说："鲁国国君不是很知礼吗？"

女叔齐却并不认可，他说："鲁昭公擅长的只是仪式，而不是周礼。礼是用来守卫国家、执行政令的。现在，鲁国国君的大权旁落到了士大夫的手中，鲁国公室被季孙氏、叔孙氏、孟孙氏三大家族分成了四份。由于大权旁落，老百姓现在都不怎么关注国君的处境。身为国君，祸难就快降临到自己身上了，还不赶紧想办法解决，却还在学习琐屑的礼仪。这哪里算得上是知礼呢？"这就是历史上典型的"知仪不知礼"的典故。

分析：

在先秦时代，"礼"和"仪"的含义是不同的。"礼"乃立国治政的大法，"礼"能改变政局发展的趋势。而"仪"是指一种礼节、仪式、仪文。女叔齐的说法切中肯綮，"礼"的核心精神绝对不是掌握各种"仪式"的细节，而是要通过"礼"达到协调人事关系、巩固政权、安定世道人心的目的。以此考量，鲁昭公确实是不知礼。

礼仪是人类文明的产物，是人们进行社会交往的行为规范与准则。礼仪在漫长的社会实践中产生、演变和发展，有着悠久的历史。

一、礼仪的内涵

“礼仪”一词出自《诗经·小雅·楚茨》：“献酬交错，礼仪卒度。”人类最早的礼仪是祭祀礼仪，主要表达的是对天地、鬼神的敬畏和祈求。

（一）何为“礼（禮、豊）”

“礼”字字形演变如图 1–1 所示。

图 1–1　“礼”字字形演变

“礼”的本义是祭神以求福。《说文解字》：“礼，履也。所以事神致福也。”“礼”的初文是“豊”，商周的甲骨文和金文 1 由“珏”（两串玉的形状，曾用作货币和贵重装饰物，是财富的化身）和“豆”（豆是食器，多用作祭祀的盛盘）组成，表示用最贵重的东西供奉神灵。金文 2、金文 3 将玉换成腌干肉，并加上表示灵台牌位的“示”。字形虽变，但字义相同。小篆随甲骨文和金文的字符而写作“禮”。说文古文“[illegible]”（示）旁有一躬身礼拜的人形。汉隶书（《华山庙碑》）（隶书 1）以平直的笔画结束了古文字的延伸，而《衡方碑》（隶书 2）则随说文古文结构写作“礼”，两千年后竟成为今天的标准简化字。

“礼”字含义如图 1–2 所示。

（二）何为“仪（儀）”

“仪”字字形演变如图 1–3 所示。

“仪”字始见于篆文，由“人”“義”二字构成。“義”，本义为个人的仪容，引申为美、善之义。“仪”字含义如图 1–4 所示。

图 1–2 “礼”字含义

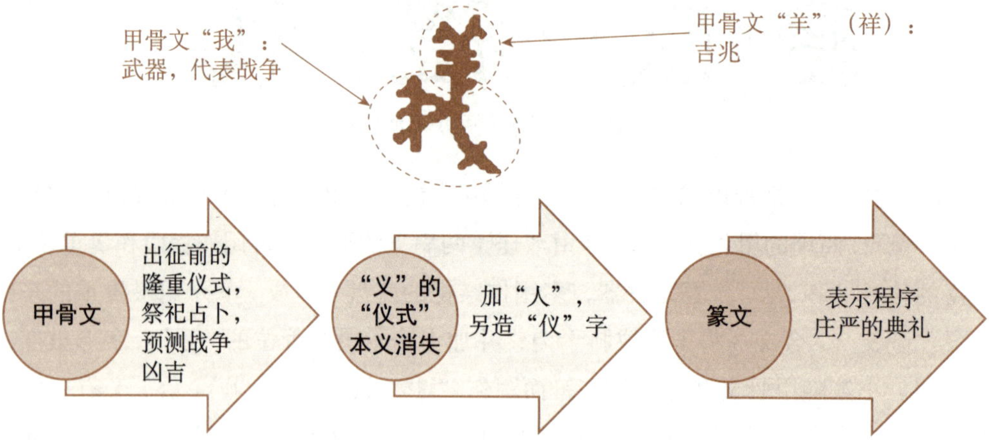

图 1–3 “仪”字字形演变

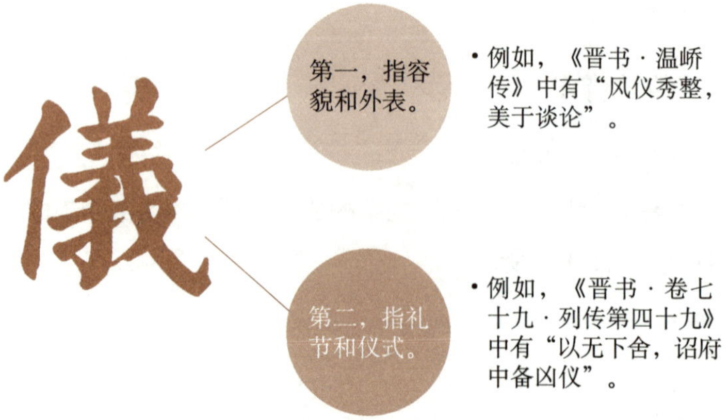

图 1–4 “仪”字含义

（三）何为“礼仪”

礼仪是人们在社会交往活动中，为了相互尊重，在仪容、仪表、仪态、仪式、言谈举止等方面约定俗成的、共同认可的行为规范。礼仪是对礼节、礼貌和仪式的统称。

礼貌是表示尊重的言行规范。礼节是表示尊重的惯用形式和具体要求。礼节一般是个人的，不需要借助其他物品就可以完成的形式，如磕头、鞠躬、拱手、问候等。仪式大多是集体性的，一般需要借助其他物品来完成，如奠基仪式、剪彩仪式、迎宾仪式、结婚仪式，等等。

礼仪是由一系列具体表示礼貌的礼节所构成的完整过程。礼貌、礼节、礼仪三者尽管名称不同，但都是人们在相互交往中表示尊敬、友好的行为，其本质都是尊重。三者相辅相成，密不可分。礼貌是礼仪的基础，礼节是礼仪的基本组成部分。礼是仪的本质，而仪则是礼的外在表现。礼仪在层次上要高于礼貌、礼节。

小贴士

中国古代“五礼”

古代“五礼”是汉族礼仪的总称，即吉礼、嘉礼、宾礼、军礼、凶礼，也合称“五礼”。

吉礼是“五礼”之冠，主要是对天神、地祇、人鬼的祭祀典礼。

嘉礼是和合人际关系、沟通和联络感情的礼仪，主要有：饮食之礼；婚、冠之礼；宾射之礼；飨燕之礼；脤膰之礼；贺庆之礼。

宾礼是古代天子、诸侯接待宾客之礼，是上古时代重要的政治制度和礼仪制度，与国家政治制度密切相关。

军礼是师旅操演、征伐之礼。

凶礼是哀悯、吊唁、忧患之礼，主要有：以丧礼哀死亡；以荒礼哀凶札；以吊礼哀祸灾；以禬礼哀围败；以恤礼哀寇乱。

二、礼仪的起源

礼仪作为中华民族文化的基础，有着悠久的历史。它随着人类社会的产生而产生，随着经济的发展、社会的进步而不断演变，经历了一个从无到有、从低级到高级、从零散到完整的渐进过程。关于我国礼仪的起源大致有以下几种观点：

（一）祭祀神灵说

东汉许慎的《说文解字》将“礼”字解释为：“礼，履也。所以事神致福也。”意思是实践约定的事情，用来给神灵看，以求得赐福。“礼”字是会意字，“示”指神。由此可见，“礼”字与古代祭祀神灵的仪式有关。

（二）表达情感说

在没有礼仪存在的时候，人们祭祀天地根本无法表达心中的敬畏，后来才出现了礼仪，又拓展到开始向长辈行礼来表达本身的敬意。贵族阶层的出现扭曲了礼的意义，使之在不尊重他人的情况下使用，来突出自身的地位。因此，礼丢失了本质而变成了礼节。存有敬意的施礼才是真正的礼。

（三）风俗习惯说

人与人在长期的交往活动中渐渐地产生了一些约定俗成的习惯，久而久之，这些习惯成了人与人交际的规范。当这些交往习惯以文字的形式被记录下来，并同时被人们自觉地遵守后，就逐渐成为人们交际、交往固定的礼仪。如在原始的狩猎、耕种、部落之间的争斗中，人们用眼神、肢体语言等来表达他们的想法，互相配合；用击掌、拍手、拥抱等方式表达收获后喜悦、高兴的心情。

（四）原始交往说

“礼”起源于原始交往，原始社会的“礼尚往来”，实际上是货物交易。封建社会初期的交换带有浓厚的“礼仪”性质。经过周公的加工，减少了“礼仪”中的商业性，经过孔子的加工，去掉了“礼仪”中的商业性，“礼云礼云，玉帛云乎哉”（《论语·阳货》）是讲“礼”不仅仅是外在的玉帛等器物形式，更重要的是其内在的精神实质。

小贴士

西方礼仪起源说

在欧洲，“礼仪”一词最早见于法语“etiquette”（法庭上的通行证）。古代法国的法庭为了保证审判的公正，开庭时总是安排得既庄严肃穆，又戒备森严，并把各种规则及法庭纪律写在进入法庭的通行证上，让所有进入法庭的人员必须严格遵守。不仅在法庭上，在社交活动中，人们也应遵守一定的规矩和准则，以此保证文明社会得以维系和发展。当“etiquette”一词进入英文后就演变成“courtesy”和“protocol”。西方礼仪具有三层含义：一是指谦恭有礼的言谈举止；二是指教养和规矩；三是指仪式、典礼、习俗等。

百礼齐鸣

礼仪，如同一面镜子，反射出社会的文明程度和个人修养，是我们行走在世界的通行证，也是我们内心世界的映射。礼仪，如一束明亮的光芒，让我们的社交生活更加光彩照人。礼仪是一座桥梁，连接着人与人之间的情感和信任。关于礼仪，你是如何理解的？

任务二　挖掘礼仪的特征和内核

见微知礼

微课：挖掘礼仪的特征和内核

案例导入

古代礼与法相结合，现代礼仪却是自我约束。在古代，礼包容了法，是法的灵魂；法是礼的后盾，是礼的表现。法与礼相互补充，互为表里。而在现代的法治社会，礼与法有着严格的分野，违法则以刑律处之，违礼则属于个人道德修养的范畴，最多受到议论或舆论的谴责，不会受到法律的制裁。

与现代相比，古代礼仪更为烦琐、复杂。现代礼仪更加简单，内容也没有古代丰富。在古代，有祭祀礼、坐礼、拱礼、冠礼……古代的节日也更多，每个节日都有独特的礼俗。现代人的节日观念逐渐淡化，有的节日本身原有的礼俗也被遗忘了。

分析：

我国素以“礼仪之邦”著称，礼仪文化在我国的传统文化中占据了极其重要的一部分。现代礼仪与传统文化息息相关，传统文化是现代礼仪的灵魂，现代礼仪是传统文化发扬光大的保证。

礼仪是社会交往过程中人们的行为准则，人们用以规范和约束自己的行为，协调和制约人际间的相互关系。

一、礼仪的特征

与其他行为准则相比，礼仪具有以下特征：

（一）传统性

礼仪是一个国家、民族传统文化的组成部分。在我国，现代礼仪是以传统文化为核心，并不断吸收各民族的优秀文化，在长期的社会生活实践中逐渐发展和完善起来的。中华民族修礼、崇礼、习礼的传统美德深深地融入现代礼仪之中，约束和规范着现代人的行为。礼仪的传统性根深蒂固。

小贴士

拱手礼

中国传统的礼节——拱手礼，是古代的一种相见礼，其历史悠久，源自西周初年周公开创的《周礼》。行礼时，双手在胸前叠合，手形如拱，立而不俯。一般情况下，男子行拱手礼时右手握拳在内，左手在外；女子则相反。若为丧事行拱手礼，则男子为左手握拳在内，右手在外；女子则相反。拱手礼恰当、大方、得体、庄重，是最能体现中国人文精神、最具中国风格的见面礼节之一。

（二）时代性

《礼记·礼器》有言：“礼，时为大，顺次之，体次之，宜次之，称次之。”礼仪应该顺应时代需要，在仪式、制度、规范上有因革，有变通。礼仪文化是一个时代的写照，往往会带上时代的烙印。一方面，礼仪文化随时代的不断进步而时刻发生着变化；另一方面，随着国家对外交往的不断扩大，各国的政治、经济、思想、文化等诸种因素互相渗透，我国的传统礼仪也被赋予了许多新鲜的内容，礼仪规范更加国际化。

小贴士

古今婚礼

婚礼在古人看来是和冠礼、丧祭、朝聘、乡射同等重要的“礼之根本”。婚礼是人生中既庄重又喜庆的一件大事，代表忠贞不渝的爱情，象征着对美好未来的希冀。

古代婚礼多在黄昏时分举行，故名为“昏礼”。古代完整的婚礼习俗有纳采、问名、纳吉、纳征、请期、亲迎六种礼节，每一步都充满了深意。这些传统的婚礼习俗不仅是仪式，更多的是对婚姻、家庭和社会价值观的体现。在历史的长河中，这些习俗不断地融合与创新，逐渐形成了独具特色的中国婚礼文化，其中既有对传统的尊重，也有对时代变迁的适应和创新。

现代婚礼则强调个人的独特性和自由选择，充分展示了新一代人自我表达和追求幸福的态度。现代婚礼的多样化也反映了社会的发展和个人对自身幸福的追求。

（三）规范性

礼仪本身就是人们在交际场合待人接物时必须遵守的行为规范。它对个体在律己、待人、接物以及在社会交往中的举止、谈吐、着装、仪容等方面提出了规范性的要求，帮助人们修身养性、约束自我、尊重他人、互相理解、互相帮助，自觉地认识和处理个人与他人、个人与社会的关系，维护社会公德、职业道德和家庭美德。讲究规范与否，不仅反映了一个人道德水准的高低，而且有可能影响个人交际成败。

小贴士

弟子规

清代学者李子潜要求他的学生从早到晚在饮食起居、言谈举止、待人接物方面必须按照礼仪程序去做，他在《弟子规》中写道：“晨必盥，兼漱口。便溺回，辄净手。冠必正，纽必结。袜与履，俱紧切。置冠服，有定位。勿乱顿，致污秽。衣贵洁，不贵华。上循分，下称家……步从容，立端正。揖深圆，拜恭敬……凡出言，信为先。诈与妄，奚可焉？……奸巧语，秽污词。市井气，切戒之……”这些谆谆教导至今仍影响着很多人。

（四）差异性

礼仪的差异性主要体现在不同文化、地域、社会阶层甚至时代背景下，人们的行为规范、交往方式和表达尊重的形式存在显著区别。礼仪的差异性本质是“文化多样性”的体现。理解礼仪差异的本质是“尊重表达方式的不同”，而非优劣之分。在跨文化交往中，真诚的态度往往比完美遵循规则更重要。

小贴士

苏州端午节习俗

农历五月初五是端午节，端午节是中华民族重要的传统民间节日之一，是纪念诗人屈原的节日。

苏州端午节习俗的起源可追溯到对春秋时期吴国名将伍子胥的纪念。相传伍子胥“相土尝水”“象天法地”，构筑姑苏古城，赢得吴人的爱戴。他被沉尸当天正是五月初五，端午节就成为吴人纪念他的节日。纪念伍子胥的端午节是苏州一年一度最盛大的民间节日之一，具有一整套与当地自然气候条件、日常生产生活习惯、经济文化特征相适应的民俗活动，如包粽子、赛龙舟、挂菖蒲、戴香囊、挂钟馗像等。2009 年，苏州端午节习俗被列入联合国教科文组织《保护非物质文化遗产公约》人类非物质文化遗产代表作名录。

（五）等级性

礼仪的等级性表现在对不同身份、地位的人士礼宾待遇的不同。在社会生活中，人们往往用长幼之分、男女之别来衡量每个人受尊重的程度。在官方交往中，人们则要确定官方礼宾次序。这种礼宾次序带有某种强制性，虽然不同的人得到不同的礼宾待遇，但这并不意味着尊卑贵贱，而是现代社会正常交往秩序的表现，反映了各级公务人员的社会身份和角色规范。

礼仪的等级性在社会交往中还表现为双向对等性，即在不同地区、不同组织的交往中，双方人员在公职身份和社会地位上要相近，在业务性质上要相似，以此来表示对对方的尊重。双方的交往还应当是一种互相尊重、情感互动的过程，在礼节上要有来有往、相互对等。

小贴士

来宾分等级，接待有规格

规格是规范接待的第一体现，来宾分等级，接待有规格。据《仪礼》记载，卿来访曰大聘，大夫来访曰小聘。来访者的身份决定接待的层次。不仅如此，来宾来访的不同时段也有不同的接待安排。

《礼记·聘义》："君使士迎于竟，大夫郊劳，君亲拜迎于大门之内，而庙受，北面拜贶，拜君命之辱，所以致敬也。敬让也者，君子之所以相接也。"意思是，（如果诸侯派遣使者来朝聘）东道国的君主就派遣士到国境迎宾，派大夫在郊外慰劳他们，主君亲自在大门里迎接，然后在太庙里接受使者所献的束帛，向北拜谢来宾的厚礼，又拜谢使者君主特遣他们来的盛意。这都是表达敬让的意思。表示敬让，是君子相交往的原则。

二、礼仪的原则

礼仪的原则是指人们行礼致仪时应遵循的一些基本要求。探讨这些原则有助于规范社交基本礼仪，增强人们对礼仪的认识，进而加强礼仪在社会活动中的指导作用。

（一）真诚尊重原则

真诚尊重是礼仪的核心。唯有真诚，才能使人的行为举止自然得体，才能自然而然地显示出对对方的关切与爱心。真诚和尊重首先表现为对人不说谎、不虚伪、不欺骗、不侮辱；其次表现为相信他人、尊重他人，所谓"敬人者，人恒敬之"。一个人只有在尊重他人的前提下才会被他人尊重，人与人之间的和谐关系，也只有在这种互相尊重的过程中才会逐步建立起来。尊重原则还表现为尊重各地的风俗与禁忌。

小贴士

礼仪是一种尊重

尊重上级是一种天职，尊重下级是一种美德，尊重客户是一种常识，尊重同事是一种本分，尊重所有人是一种教养。

尊重的含义是尊敬和重视他人的权利、感受、观点等，并表现出相应的礼貌和谦逊。尊重是人际交往中不可或缺的一部分，它涉及个人尊严、自由和平等。尊重他人意味着不干涉他人的自由、不侮辱他人的人格、不侵犯他人的权利，同时也愿意倾听他人的声音、理解他人的观点、尊重他人的选择。尊重既是一种基本的道德准则，也是建立和谐、稳定和繁荣社会的基础。

小故事

曾子避席

有一次曾参在孔子身边侍坐，孔子问他：“以前的圣贤之王有至高无上的德行、精要奥妙的理论，用来教导天下之人，人们就能和睦相处，君王和臣下之间也没有不满，你知道它们是什么吗？”曾参听了，知道老师是要指点他深刻的道理，于是立刻从坐着的席子上站起来，走到席子外面，恭恭敬敬地回答道：“我不够聪明，哪里能知道，还请老师把这些道理教给我。”在这里，“避席”是一种非常礼貌的行为，是为了表示对老师的尊重。后来很多人都向他学习这种礼仪。

避席礼是一种传统的交往礼节。在需要表示特别尊敬或谦逊的场合，人们会离开自己的座席，伏于地，以示敬意，这种行为被称为“避席”。虽然现代社会已经较少使用这种礼仪形式，但避席礼的精神仍然体现在许多社交场合中。例如：当晚辈向长辈或学生向老师请教问题时，起身以示尊敬，可以视为现代版的避席礼。

（二）公平对等原则

现代礼仪与传统礼仪的根本区别是强调公平对等。公平对等原则是指尊重交往对象，对任何交往对象都必须一视同仁，给予同等程度的礼遇，不允许因为交往对象在地位、财富以及与自己的关系亲疏远近等方面有所不同而厚此薄彼。

小贴士

多边会议位次安排原则

多边会议通常以与会国国名的英文（或法文）字母次序确定各国的位次。按传统，各国代表的席位依次交替地安排在主席的右左两侧。一般是按国名字母顺序，从主席右侧开始排列位次。主席右侧第一个席位通常由抽签或协商决定。在有些情况下，由于不同因素的影响，如与会国之间的关系，各国代表团的人数，也会影响席位的安排。在国际和平会议中，交战双方国家的席位一般分为两个相对的集团。在一些国际组织的会议上，各国代表与主席相对而坐，各国代表的位次按抽签的字母顺序排列。

（三）和谐适度原则

和谐适度原则要求应用礼仪时一定要具体情况具体分析，因人、因事、因时、因地恰当处理，特别要把握分寸、认真得体、不卑不亢、热情大方，有理、有利、有节，避免过犹不及。分寸感是礼仪实践的最高技巧，如果做得过了头，或者做得不到位，就不能正确地表达自己的自律、敬人之意。

小贴士

三色原则

男士西装要穿着合体、优雅、符合规范。选择庄重场合的西装要遵循“三色原则”。简单地说，“三色原则”要求男士的着装，衬衣、领带、腰带、鞋袜一般不应超过三种颜色。这是因为从视觉上讲，服装的色彩在三种以内较好搭配。一旦超过三种颜色，就会显得杂乱无章。比如，如果在西装左侧胸袋里插上袋饰手帕，其色彩最好与领带或衬衫颜色相近，否则，上半身就会显得色彩斑斓了。

更讲究的做法是，使服装的色彩控制在三色，甚至同一色彩的范围内，先西装、次衬衫、后领带，逐渐由浅入深，这是最传统的搭配方式。反之，领带色彩最浅，衬衫次之，西装色彩最深，即由深入浅搭配服装。

国外有身份的男士，大都讲究手表带、腰带、皮鞋保持同一种颜色，认为这样最有风度、最有品位。他们的皮夹、皮包等配件，也与服装的主要颜色相一致。

（四）宽容自律原则

宽容自律原则要求人们在交际活动中运用礼仪时，既要严于律己，也要宽以待人。豁达大度、容纳意识和自控能力是现代人应具备的基本素质。宽容是一种较高的境界，容许别人有行动与见解自由，对不同于自己和传统观点的见解要耐心公正地容忍。自律是一种不可或缺的人格力量，没有它，一切纪律都会变得形同虚设。自律是一种自省、一种自警、一种素质、一种自爱，它会让人淡定从容、内心强大，永远充满积极向上的力量。

小故事

射钩之恨

春秋时，齐襄公被杀后，公子小白和公子纠为争夺王位而战。鲍叔牙助小白，管仲助纠。双方交战中，管仲曾用箭射中了小白衣带上的钩子，小白险些丧命。后来小白做了齐国国君，即齐桓公。齐桓公执政后，任命鲍叔牙为相国。可鲍叔牙心胸宽广，有知人之明，坚持把管仲推荐给齐桓公。齐桓公也宽容大度，不记射钩私仇，采纳了鲍叔牙的建议，重用管仲，任命他为相国。管仲担任相国后，协助齐桓公在经济、政治、军事方面进行改革。数年之间，齐国转弱为强，成为春秋前期中原地区经济最发达的诸侯国，齐桓公也成就了“九合诸侯，一匡天下”的霸业。

杨震拒金

东汉时，杨震在赴任途中经过昌邑时，昌邑县令王密来拜访他，并怀金十斤相赠。杨震说：“故人知君，君不知故人，何也？”王密没听明白杨震的责备之意，说：“天黑，无人知晓。”杨震说：“天知，神知，你知，我知，何谓无知？”王密这才明白过来，大感惭愧，怏怏而去。

（五）遵时守约原则

遵时守约是指约会要事先发出邀请，不论是邀请方，还是应邀方，一旦答应，就应该按时履约，遵守时间，信守诺言。无论什么理由，爽约都是不礼貌的。中华优秀传统文化提倡做人及人际交往都要以信义为本，提倡“一诺千金”。遵守时间在国际社会里已成为衡量、评价一个人文明程度的重要标准之一。信守承诺就是要求人们在人际交往中说话一定要算数，诺言一定要兑现。

小故事

一诺千金

秦朝末年，楚国有一个叫季布的人，为人正直，乐于助人，还非常讲信义。只要是他答应的事，无论有多么困难，他一定想方设法办到。当时甚至流传着这样的谚语：“得黄金百斤，不如得季布一诺。”这就是成语“一诺千金”的由来。季布曾经是项羽的部将，他很会打仗，数次打败刘邦。刘邦夺取天下后，每每想起败在季布手下之事，就十分生气。愤怒之下，刘邦下令缉拿季布。季布的朋友不仅不为重金所惑，而且冒着灭九族的危险来保护他，使他免遭祸患。后来在夏侯婴说情下，刘邦饶赦了季布，并拜他为郎中。

百礼齐鸣

百里不同风，千里不同俗。苏州方言中“苹果”的发音听起来跟“病故”相似，不吉利，因此，看望生病的人不可以送苹果。

你的家乡有哪些送礼的风俗和禁忌？请列举一二，并探讨一下这些风俗和禁忌所反映的文化差异。

任务三　习得礼仪的精髓和教养

见微知礼

微课：习得礼仪的精髓和教养

案例导入

家训是中华优秀传统文化中家庭教育智慧的集中体现，是家族传承和精神的重要支柱，蕴含着丰富、质朴而又耐人寻味的哲理。

苏州范氏家族杰出的代表、“北宋第一人”——范仲淹为后嗣子孙留下的百字家训《范文正公家训百字铭》中，言简意赅地总结了立身处世的要点：“处世行八德。”“八德”即孝、悌、忠、信、礼、义、廉、耻，具体阐释为“尊师如重亲；礼义勿疏狂，逊让敦睦邻。敬长与怀幼，怜恤孤寡贫；谦恭尚廉洁，绝戒骄傲情”。范氏家训高度概括了儒家所倡导的为人处世准则，成为后人立身处世的操守和典范。

分析：

自古欲成人，必先学礼。以范氏家训为代表的优秀传统家训，在立身处世方面具有哲学的高度，对当代青年世界观、人生观、价值观的形成具有一定的启发和教育意义。

教养，是指一个人在品德、学识、举止、风度、生活习惯等方面所表现出来的素质。礼仪，是教养的具体体现，是人际交往中必须遵守的规范和准则。良好的教养和礼仪，能让个人在社交场合中更加得体，也更能赢得他人的尊重和信任。礼仪教养是个人呈现给社会的一张名片。

一、礼仪教养

礼仪教养对于个人的成长、社会交往以及职业发展都具有重要意义，是每个人都应该重视和培养的素质。

第一，礼仪教养是个人健康成长的基础之一。

通过学习礼仪，个人可以养成良好的行为习惯，避免言语不当、行为粗鲁，从而给他人留下良好的印象，有助于建立良好的人际关系和促进个人成长。

第二，礼仪教养能够提高个人的自信心。

如果掌握基本的礼仪规范和表现方式，个人在与他人交往时就会感到更加自信和得体，也更容易获得他人的认可和信任。

此外，礼仪教养还有助于培养个人的气质和人格。通过学习礼仪，个人能够养成自制力、责任感和同情心等美德，提升自己的气质和人格魅力。

第三，礼仪教养在职业发展中扮演着重要的角色。

讲究礼仪可以帮助个人实现理想，走向成功。在职业场合中，礼仪教养既是尊重别人，也是尊重自己，有助于个人建立良好的职业形象，促进职业发展。

小贴士

黄金规则“IMPACT”

从事商务活动的黄金规则也叫作商务人员礼仪的基本指南，可用“IMPACT”一词来概述，即：Integrity（正直），Manner（礼貌），Personality（个性），Appearance（仪表），Consideration（善解人意），Tact（机智）。

二、礼仪习得

礼仪修养不是先天具备的，而是后天磨炼的结果。每个人都可以通过自己的努力不断学习、磨炼而获得良好的礼仪修养。礼仪修养既是一种外在的行为表现形式，也是一个人内在的道德、文化和艺术修养的反映和折射。礼仪修养是自我学习、自我磨炼、自我养成的过程，学习礼仪需要长期知识的积累、情操的陶冶和实际的锻炼。

小故事

孔子庭训 诗礼传家

有一天，孔子站在庭院里，他的儿子孔鲤“趋而过庭”。“趋”就是小步快走，是表示恭敬的动作，是指在上级面前、在长辈面前低着头，很快地走过去。孔子看见孔鲤，说：“站住，学诗了吗？”孔鲤答：“没有。”孔子说：“不学诗何以言（不学诗你怎么会说话）？”孔鲤“退而学诗”。又有一天，孔子站在庭院里，孔鲤又“趋而过庭”，孔子说：“站住，学礼了吗？”孔鲤答：“还没有。”孔子说：“不学礼何以立（不学礼你怎么做人）？”孔鲤“退而学礼”。

这样，后人把父亲对子女的训诲叫作“庭训”。学诗和学礼，也就是读书和做事。孔子要求儿子孔鲤努力学习中华优秀传统文化知识，学习社会的典章制度和伦理道德规范，修身养性，只有这样才能在学业和道德上有所建树。所谓“不学《诗》，无以言”“不学《礼》，无以立”，强调的就是读书与做人相结合，治学与修身相统一。

（一）中学为体、西学为用

礼仪研习要立足于民族之本，站在时代高度来正确对待传统礼仪，删繁就简，与时俱进；要知晓中华传统礼仪文化的精粹，明确现代礼仪规范的发展方向，真正做到继承创新；要深刻理解和认同中华传统礼仪，将知识与品行有机结合，在体验和践行礼学真谛的过程中不断规范自身行为；要辩证地认识、接受和汲取西方礼仪文明的优秀成果，使东西方文化和东西方礼仪有机交融，逐步完善和发展。

（二）内外兼修、本末兼顾

礼仪的实质是体现人与人之间相互尊重。礼仪修养最显著的特点就是要内外兼修、本末兼顾。只有尊重而无形式的表达方式固然显得鄙陋粗俗，而只知形式、缺乏思想内涵的礼仪又显得虚伪脆弱。研习礼仪时切忌机械地模仿、简单地套用、知其然而不知其所以然，应该将尊师重道、仁爱忠义、诚实守信、谦让宽容等道德传统与礼仪修养相融合，彰显出温文尔雅的儒家礼仪之道，外塑形象，内练修养，不仅要做到形象优雅得体、举止稳重大方、谈吐高雅脱俗、善于交际应酬、懂得为人处事，而且内心要有源于真诚与尊重的德行和敬畏之情。

（三）潜移默化、养成自律

礼仪修养不是与生俱来的，而是自我学习、磨炼、养成的。传统的“六艺”（礼、乐、射、御、书、数）便是以“礼”为首展开的学习和修炼。当代，提升礼仪修养，要通过礼仪知识的学习，掌握必备的礼仪知识，对礼仪特点、功能和原则有较为深刻的认识；通过礼仪技能的训练，加深对礼仪规范与职业规范的领悟，养成良好的礼仪习惯和礼仪行为的自觉性。此外，还要努力提高道德修养，陶冶情操，追求至善的理想境界；提高文化修养，增强文化底蕴，培养高雅的谈吐举止；提高艺术修养，提升审美内涵，打造脱俗的兴趣品位。

百礼齐鸣

作为中国传统家族教育和道德规范核心内容的家风、家训，不仅是家庭、社会道德传承的重要载体，也是家族精神文化的宝贵财产。家训是指家庭对子孙立身处世、持家治业的教诲，是家风的重要载体，对个人的修养、齐家发挥着重要的作用。请分享中国传统家训中关于个人礼仪修养的训言。

项目实施

项目分解	活动安排	任务内容	项目成果
文本解读	分组活动，校内教师指导	传统文化中“礼”的基因，绵延几千年沉淀成了中华民族的精神密码。研读中国古代“三礼”(《周礼》《仪礼》《礼记》)，或观看《典籍里的中国》等文化类节目，挖掘传统礼仪文化基因密码。	读书笔记、PPT汇报、视频分享（可选）
企业调研	集体活动，校内教师安排	实地走访、考察书香服务股份有限公司，了解公司尚德明礼的价值观，以及推动中华传统礼仪文化普及、强化企业文化建设的实践活动。	调研报告
方案策划	分组策划，校企教师共同指导	对中国古代礼节、仪式进行实例分析和要素萃取，创造性转化、创新性发展。如挖掘提取传统仪式基因密码，举办紧扣员工职业生涯的礼仪仪式（如入职、拜师、成长、退休等)，以德润身、以礼践行。	活动策划方案

项目评价

考核项目	考核内容	分值	自评（20%）	小组（40%）	教师（40%）	得分
文本解读	全面深入，重点突出	20				
企业调研	准备充分，目标明确，深入分析，结果客观	20				
方案策划	完整性、可行性	30				
工作态度	参与度、积极性	10				
团队合作	分工与合作情况	10				
创新创意	原创性、新颖性	10				
					总　分	

项目拓展

一、知书达礼

1. 单选题

（1）（　　）曾说：“人无礼则不立，事无礼则不成，国家无礼则不宁。”

A. 孔子　　B. 孟子　　C. 老子　　D. 荀子

（2）在西方，礼仪一词来源于法语“etiquette”，原意为（　　）。

A. 礼节、仪式　　B. 礼貌、形式

C. 法庭上的通行证　　D. 人际交往的通行证

（3）在社会生活中，人们往往用长幼之分、男女之别来规范每个人的受尊重程度。这体现了礼仪的（　　）。

A. 时代性　　B. 规范性　　C. 差异性　　D. 等级性

（4）应用礼仪时要特别注意把握分寸，认真得体，不卑不亢，热情大方，有理、有利、有节，避免过犹不及。这是礼仪的（　　）。

A. 真诚尊重原则　　B. 公平对等原则

C. 和谐适度原则　　D. 宽容自律原则

（5）礼仪的核心是（　　）。

A. 规范　　B. 时尚　　C. 尊重　　D. 平等

2. 多选题

（1）下列关于礼仪的内涵说法正确的是（　　）。

A. 礼仪的敬人是发自肺腑的

B. 礼仪是对他人的约束和管制

C. 礼仪是无形的纪律

D. 礼仪是强调做人的规范

E. 礼仪是约定俗成的行为规范

（2）下列关于礼仪习得说法正确的是（　　）。

A. 汲取中华优秀传统礼仪文化精髓　B. 全盘否定西方

C. 内外兼修　D. 养成自律　E. 重在外表

二、躬行践礼

1. 请留心观察身边一些符合礼仪规范和违背礼仪规范的现象，并用文字、图片或视频的形式记录下来，分享你的体会和心得，填在表 1–1 中。

表 1–1　观察礼仪现象并思考

礼仪现象	我的思考

2. 中国传统的家训博大精深，注重法度、理念和思想的传承，是先祖人生艺术和智慧的总结。传世家训强调立德修身、读书立业等多方面的统一，推崇儒家君子之德，以修己心、正己身、律己行为治家育人的规范，淡泊宁静、洁身自好、激浊扬清、气节相尚，从而延续了家族高贵的精神品格和清风正气。请摘录家训名言填在表 1–2 中，并交流学习心得。

表 1-2　优秀传统家训学习

家训名言	学习心得
一粥一饭，当思来之不易。半丝半缕，恒念物力维艰。——朱柏庐《朱子家训》(《治家格言》)	

3. 学习礼仪应该内外兼修、表里如一、神行俱备。面必净，发必理，衣必整，纽必结。头容正，肩容平，胸容宽，背容直。气象：勿傲、勿暴、勿怠。颜色：宜和、宜静、宜庄。请对照四十字镜箴，从外形、气质、修养等多方面进行修炼，并将修炼计划填在表 1-3 中。

表 1-3　“个人修炼”计划

外塑形象	内炼气质

三、品礼鉴仪

修齐治平

“修齐治平”是儒家的个人理想。修即“修身”，齐即“齐家”，治即“治国”，平即“平天下”。

《礼记·大学》："古之欲明明德于天下者，先治其国；欲治其国者，先齐其家；欲齐其家者，先修其身；欲修其身者，先正其心；欲正其心者，先诚其意；欲诚其意者，先致其知；致知在格物。"意思是："古代那些要想在天下弘扬光明正大品德的人，先要治理好自己的国家；要想治理好自己的国家，先要管理好自己的家庭和家族；要想管理好自己的家庭和家族，先要修养自身的品性；要想修养自身的品性，先要端正自己的心思；要想端正自己的心思，先要使自己的意念真诚；要想使自己的意念真诚，先要使自己获得知识；获得知识的途径在于认识、研究万事万物。"

儒家以"修身"为中心，强调个人的道德修养与治国、平天下的一致性，主张由近及远，由己及人，把格物、致知、诚意、正心作为修身、齐家、治国、平天下的基础。

2023 年 6 月 2 日，习近平总书记在北京出席文化传承发展座谈会并发表重要讲话，指出中华优秀传统文化有很多重要元素，比如天下为公、天下大同的社会理想，民惟邦本、为政以德的政治思想等，共同塑造出中华文明的突出特性。修齐治平的家国情怀，就是其中诸多重要元素之一。这一从"修身"到"齐家""治国"以至"平天下"的递进链条，以贯通一线的内在精神为原则，形成一套由近及远、环环相扣的政治伦理体系；把自身修为、家庭顺和、国家安泰、天下乐平有序连接起来，既揭示了古人对现实世界基本秩序的探索，也凝练地表达了中华民族的共识、诉求。

四、推荐阅读

《中国古代礼仪文明》

作者　彭　林

本书的主要内容包括：礼是什么、礼缘何而作、礼的分类、礼的要素、礼与乐、以人法天的理想国纲领、贯穿生死的人生礼仪、阐发礼义的妙语集萃等。本书从历史的高度，把悠久而灿烂的中华文化放到整个人类文明的背景中审视，展示了五千年文化的各个方面。

项目二
打造个人职业形象

动画导课：翩翩风度，仪表堂堂——如何得体地塑造个人形象

知礼学仪

首因效应也叫首次效应、优先效应或第一印象效应，指交往双方形成的第一印象对今后交往关系的影响，也就是"先入为主"带来的效果。虽然这些第一印象并非总是正确的，但却是最鲜明、最牢固的，并且决定着以后双方交往的进程。

学习目标

◎ 知识目标

掌握仪态礼仪的基本规范；
掌握仪容修饰的方法和要领；
掌握着装的 TPO 原则和技巧。

◎ 技能目标

能够规范个人的行为举止，做到自然优雅；
能够规范个人的仪容仪表，保持端庄整洁；
能够规范个人的穿着配饰，力求大方得体。

◎ 素养目标

根据行业要求，塑造得体的职业形象，增强行业素质和审美意识；
以内在修养为基础，以尊重他人为原则，塑造端庄、大方、亲和的职业形象。

思维导图

- 打造个人职业形象
  - 规范举止仪态
    - 73855定律
    - 站姿
      - 标准站姿
      - 其他站姿
    - 坐姿
      - 标准坐姿
      - 常见坐姿
      - 入座规范
    - 走姿
    - 蹲姿
      - 交叉式蹲姿
      - 高低式蹲姿
    - 手势
      - 递送手势
      - 引导手势
        - 横摆式
        - 前摆式
        - 直臂式
        - 双臂横摆式
        - 斜摆式
    - 表情
      - 眼神礼仪
        - 注视区域
        - 注视时间
      - 微笑礼仪
  - 塑造端庄仪容
    - 化妆礼仪
      - 淡妆要求
        - 自然
        - 协调
        - 美观
      - 化妆步骤
    - 头发修饰
      - 鹅蛋脸适合的发型
      - 圆形脸适合的发型
      - 心形脸适合的发型
      - 菱形脸适合的发型
      - 国字脸适合的发型
      - 长方形脸适合的发型
  - 协调正装穿搭
    - TPO原则
    - 西服穿着礼仪
    - 中山装穿着礼仪
    - 女士职业装穿着礼仪
      - 女士套裙穿着礼仪
      - 首饰佩戴礼仪
        - 戒指的佩戴
        - 项链的佩戴
        - 吊坠的佩戴
        - 耳环的佩戴
        - 手饰的佩戴

项目描述

书香服务股份有限公司为提升员工服务技能和礼仪标准，树立专业团队对外服务形象，每季度定期开展“习礼仪、树形象、优服务”礼仪培训。公司以培训为契机，规范员工礼仪行为，提升员工服务品质和礼仪素养，持续打造有温度、有深度、有态度的高质量服务团队。

公司人力资源部第二期培训课程将从仪态、仪容、服饰礼仪方面着手，塑造窗口服务岗位人员端庄、大方、亲和的职业形象，提升标准化服务水平。

任务清单

温文尔雅，彬彬有礼——规范举止仪态

威仪孔时，端正自然——塑造端庄仪容

衣冠济济，适时适宜——协调正装穿搭

任务一　规范举止仪态

见微知礼

微课：规范举止仪态

案例导入

在北京冬奥会的颁奖会场上，身着中国传统颁奖服饰的礼仪志愿者们的一颦一笑、一举一动都是经过严格训练的。用志愿者们的话说，他们要用最美姿态见证运动员的高光时刻，展现中国青年的形象和风采。

在张家口颁奖广场，每天晚上六点多是礼仪志愿者们最忙的时候。在颁奖仪式上志愿者们化起妆来非常用心，妆容精致、漂亮。

张家口颁奖广场礼仪志愿者们在接受采访中谈到，“运动员引领从入场口进去，要走大概十步，然后转弯，每转一个弯，都必须是直角”，“眼神飘忽肯定是很不好看的，所以我们要记住每一个位置。靠什么去记？其实是一种肌肉记忆，就是我走到这儿，我觉得我应该定在这个位置”，“每一个流程都要好好去完成，礼仪往大了说，那就是中国形象，每个人就像一朵牡丹花一样。我觉得，我们要做的就是优雅展现咱们中国青年人的活力和朝气”。

分析：

心理学家认为，无声语言所显示的意义要比有声语言深刻得多。各种人际交往场合的体态语言，如炯炯有神的目光、充满魅力的微笑、优雅自信的坐姿，既是心灵、品格和精神气质的外在流露，也是自信和有修养的重要体现。它像一张无形的名片，让人在最短的时间内认识并记住你，喜欢并接近你，为你带来朋友、运气和成功。

举止是指一个人的动作、表情，是一种不说话的“语言”，也称“肢体语言”。举止也是一种展示自己才华和修养的外在形态。

一、73855定律

73855 定律，也被称为麦拉宾法则。这一定律分析了口头和非口头信息的相对重要性，认为人们进行交流时，55% 的信息是通过视觉传达的，如手势、表情、外表、装扮、肢体语言、仪态等；38% 的信息是通过听觉传达的，如说话的语调、声音的抑扬顿挫等；而纯粹的语言表达只占 7%（见图 2–1）。这一比例强调了在沟通中，非语言因素（如肢体语言和语调）的重要性远超过语言内容本身。因此，要想提升自己的第一印象和沟通效果，应该更加注重自己的外表、肢体语言以及语调的使用，而不是仅仅依赖语言内容。

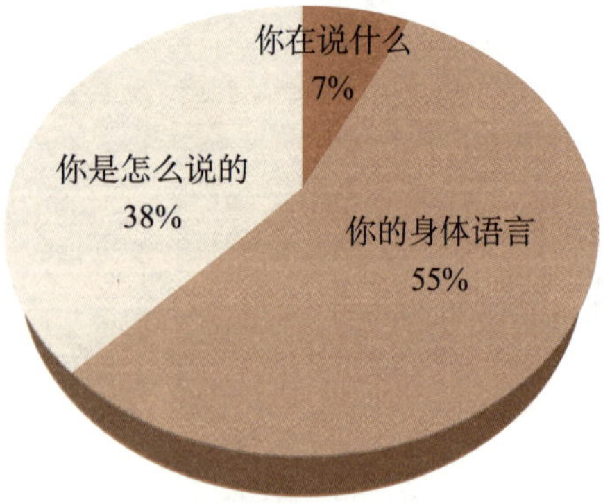

图 2–1 73855 定律

二、站姿

站立是人最基本的姿势，是其他人体动态造型的基础和起点。良好的站姿能体现出一种静态的美。古人主张“站如松”。规范的站姿应给人一种挺、直、高的感觉。女士站姿要体现端庄优雅的阴柔之美，男士站姿要体现稳健洒脱的阳刚之美。

（一）标准站姿

男、女士标准站姿如图 2–2 所示。

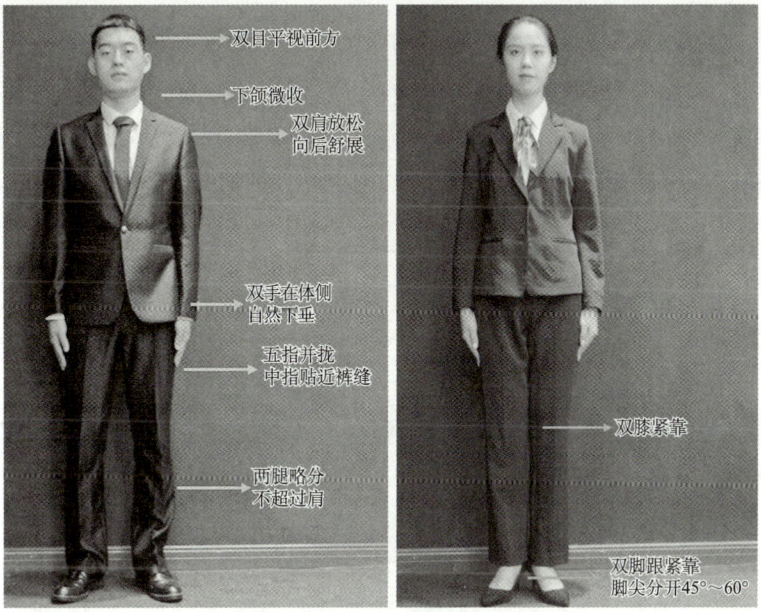

图 2–2　男、女士标准站姿

（二）其他站姿

男、女士其他站姿如图 2–3 所示。

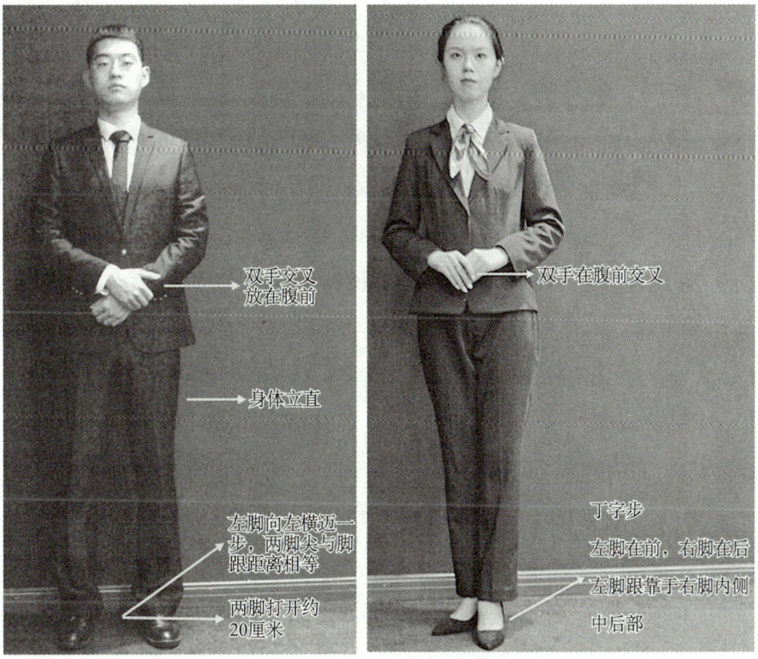

图 2–3　男、女士其他站姿

小贴士

站姿禁忌

（1）站立时忌头歪、肩斜、臂曲、胸凹、腹凸、背弓、臀撅、膝屈。

（2）忌双腿叉开超过双肩，双脚乱动或交叉站立。

（3）忌将手插在裤袋里，或交叉在胸前，给人一种敌对的感觉，看起来盛气凌人。

（4）忌自由散漫，无精打采或下意识地做些小动作，显得拘谨，缺乏自信。

三、坐姿

坐姿是人体的静态造型。端庄优美的坐姿会给人以文雅、稳重、自然大方的美感。不论采取何种坐姿，上身都要保持端正，如古人说的“坐如钟”。

小故事

孟子欲休妻

有一次，孟子的妻子独自在房间里休息时，无所顾忌地将两腿叉开坐着，箕踞向人。孟子推门进来，看见妻子仪态不雅，非常生气，于是告诉母亲打算休妻。孟母知情后却教导孟子说：“失礼的人是你，而不是你的妻子。难道你忘了《礼记》上是怎么教人的吗？进屋前，要先问一下里面是谁；上厅堂时，要高声说话；为避免看见别人的隐私，进房后，眼睛应向下看。卧室是休息的地方，你不出声、不低头就闯了进去，看到她两腿伸开坐着，失礼的人是你自己，而不是你的妻子！”

孟子很惭愧，再也不提休妻之事。孟子欲休妻之由是妻子“箕踞而坐”，依据是《礼记·曲礼上》的“坐毋箕”；孟母驳斥孟子的依据亦出自《礼记·曲礼上》：“将适舍，求毋固。将上堂，声必扬。户外有二屦，言闻则入，言不闻则不入。将入户，视必下。”

（一）标准坐姿

上体自然坐直，两肩放松，两腿自然弯曲，双脚平落在地上，男士双膝可稍稍分开，女士的双膝、脚跟必须靠紧。两手放在膝上或双手交叉放在膝间，胸微挺，腰要直，目平视，嘴微闭，面带笑容，大方、自然。

男、女士正坐如图 2-4 所示。

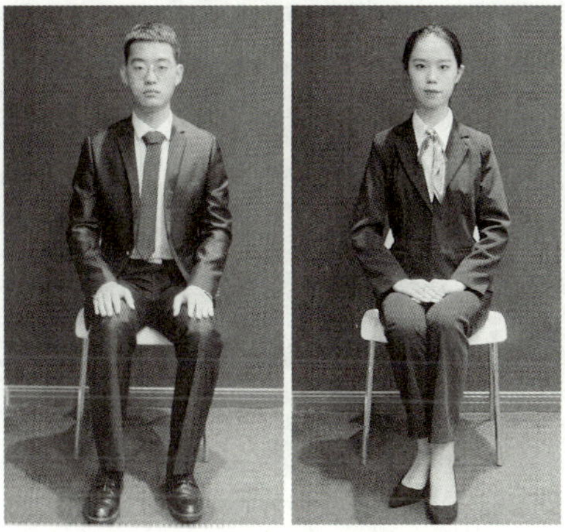

图 2–4　男、女士正坐

（二）常见坐姿

男士坐姿如图 2–5 所示，女士坐姿如图 2–6 所示，交谈坐姿如图 2–7 所示。

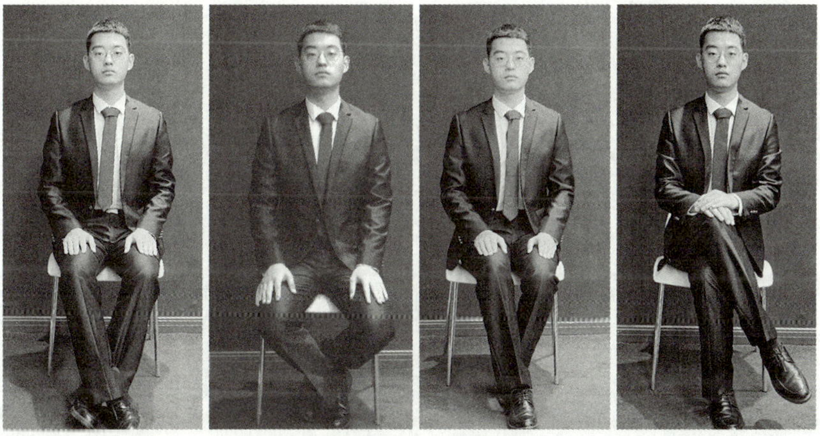

图 2–5　男士坐姿

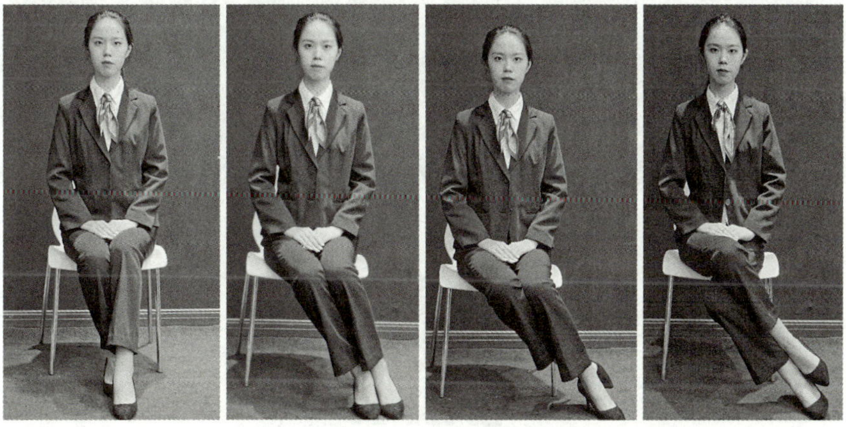

图 2–6　女士坐姿

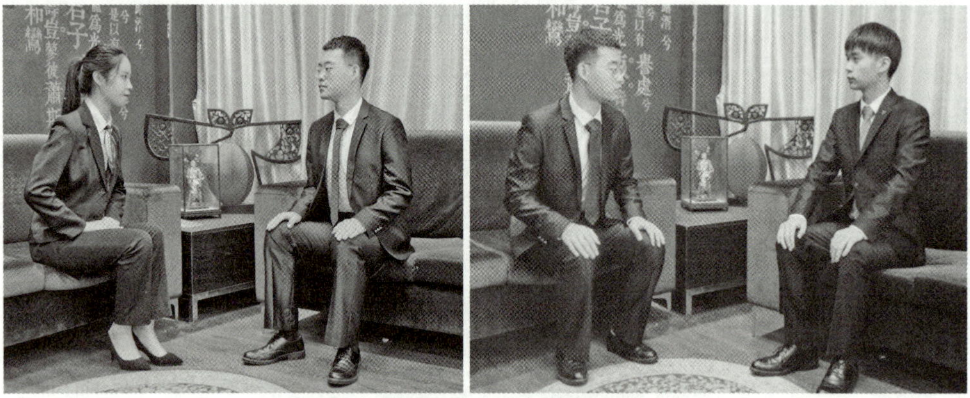

图 2-7　交谈坐姿

（三）入座规范

（1）入座时，要轻而稳，轻盈舒缓，从容自如。若着裙装，要用手将裙子稍拢一下，不要坐下后再站起来整理裙子。

（2）正式场合一般从椅子的左边入座。如果椅子位置不合适，需要挪动，应当先把椅子移至欲就座处，然后入座。

（3）坐宽大的椅子（沙发）时，不要坐得太靠里面，应坐在椅子的 2/3 处，不要靠背。休息时则可轻微靠背。

入座礼仪如图 2-8 所示。

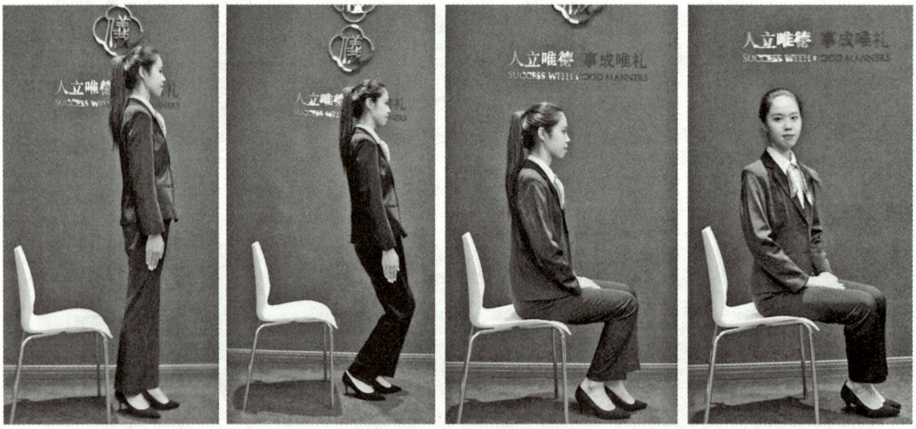

图 2-8　入座礼仪

视频：入座礼仪

四、走姿

走姿是人的主要动作。“行如风”用来形容轻快自然的步态。走姿的基本要求是轻盈自如，稳健大方，有节奏感。走姿及其分析如图 2-9 所示。

图 2-9　走姿及其分析

男士每分钟步速为 108～110 步；女士每分钟步速为 118～120 步。男士脚跟离地为 2～3 厘米；女士脚跟离地为 3～4 厘米。

小贴士

走姿禁忌

（1）方向不定，忽左忽右，变化多端。

（2）摇晃肩膀，低头驼背，扭腰摆臀。

（3）瞻前顾后，左顾右盼，速度多变，忽快忽慢。

（4）脚蹭地面，发出声响，呈内八字或外八字。

五、蹲姿

蹲姿的基本要领是：蹲下屈膝，不低头，不弓背，两腿合力支撑身体，掌握好身体的重心，臀部向下。优雅的蹲姿一般有下列两种：

（一）交叉式蹲姿

交叉式蹲姿如图 2-10 所示。

图 2-10 交叉式蹲姿

（二）高低式蹲姿

高低式蹲姿如图 2-11 所示。

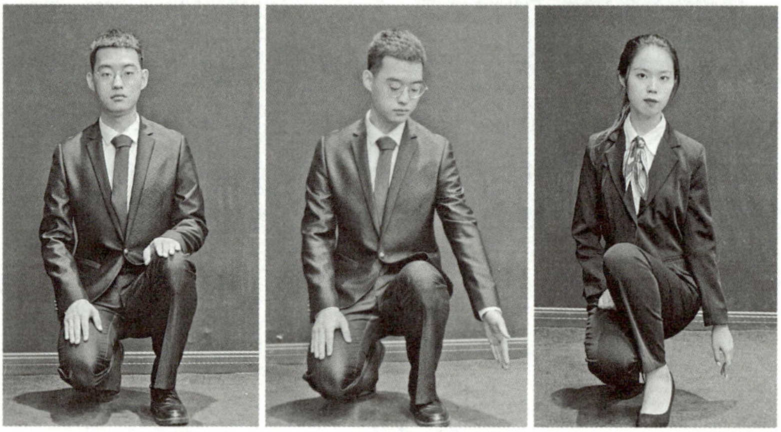

图 2-11 高低式蹲姿

小贴士

蹲姿注意事项

（1）男士下蹲时，两腿之间可有适当的距离。但女士无论采取哪种蹲姿，都要注意将两腿靠紧，臀部向下。特别在着裙装时更要留意，以免尴尬。

（2）不要突然下蹲，不要蹲在椅子上，不要蹲着休息。

（3）不要东张西望。从地上取物时，东张西望会让人生疑。

视频：个人礼仪规范

六、手势

手势是最具表现力的一种“体态语言”。手势主要有以下几种。

（一）递送手势

递送物品需用双手，如不方便，可用右手递送。用左手递送物品通常被视为失礼之举。

在递接带尖、刃的物品时，不要把尖、刃直指对方，这样不仅会有危险，也是对对方的不尊重。

在递交文件或杂志、图书时，应使文字正面朝着对方，不可倒置。

递接物品示范如图 2-12 所示。

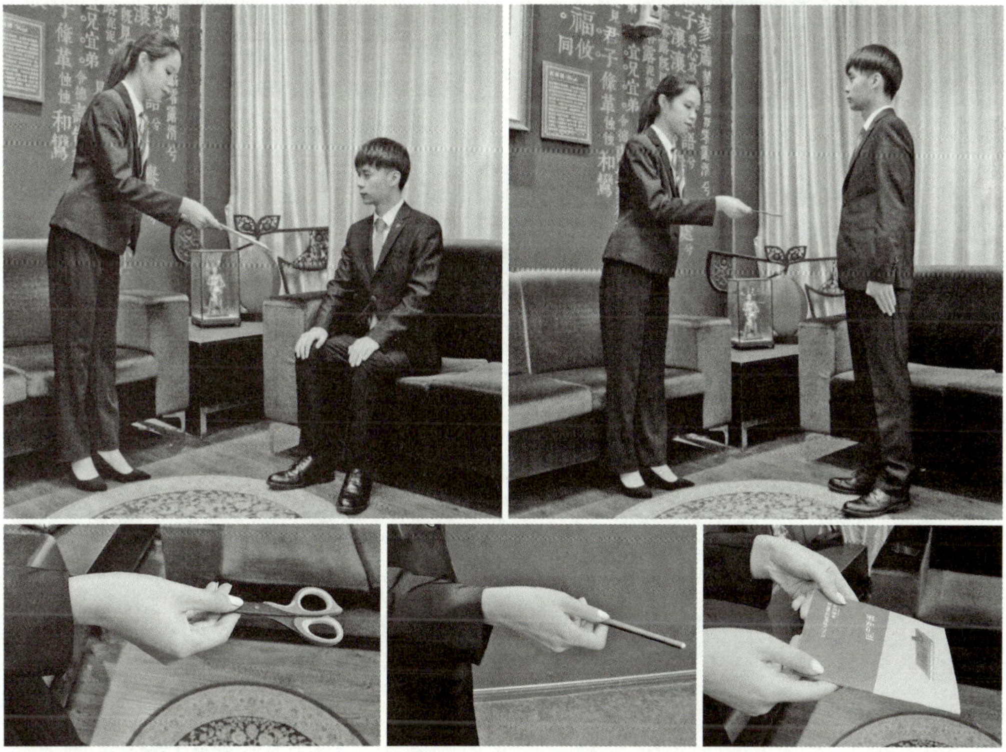

图 2-12　递接物品示范

（二）引导手势

“横摆式”手势如图 2-13 所示。

横摆式：“请进”“请”

- 五指并拢，手掌自然伸直。手心向上，肘微弯曲，腕低于肘。
- 从腹部之前抬起，以肘为轴轻缓地向一旁摆出，到腰部与身体正面成45°时停止。
- 头部和上身稍微向伸出手的一侧倾斜，另一手下垂或背在背后，目视宾客，面带微笑，表现出对宾客的尊重、欢迎。

图 2-13　“横摆式”手势

“前摆式”手势如图 2-14 所示。

前摆式

- 当一只手扶房门或电梯门，或一只手拿着东西，同时又要做出“请”或“指示方向”的手势时，可以用前摆式手势。
- 五指伸直并拢，从身体的右侧前方，由下向上抬起。
- 抬至上臂离开身体的高度时，以肘关节为轴，手臂由体侧向体前的左侧摆动，摆到距身体15厘米处。
- 掌心向上，指尖指向左方，头部随客人转向左方。

图 2-14　“前摆式”手势

“直臂式”手势如图 2-15 所示。

直臂式：给宾客指方向

- 手指并拢，掌伸直，屈肘从身前抬起，向指引的方向摆去。
- 摆到肩的高度时停止，肘关节基本伸直。

图 2-15　“直臂式”手势

"双臂横摆式"手势如图 2-16 所示。

双臂横摆式

- 当来宾较多时，表示"请"可以动作大一些，采用双臂横摆式。
- 两臂从身体两侧向前上方抬起，两肘微曲，向两侧摆出。
- 指向前进方向一侧的手臂应抬高一些，伸直一些，另一只手臂稍低一些，曲一些。也可以双臂向一个方向摆出。

图 2-16　"双臂横摆式"手势

"斜摆式"手势如图 2-17 所示。

斜摆式

- 请客人落座时，手势应摆向座位的方向。
- 手要先从身体的一侧抬起，到高于腰部。
- 再向下摆去，使大小臂成一斜线。

图 2-17　"斜摆式"手势

小贴士

各种手势及其含义

各种手势及其含义如表 2-1 所示。

表 2-1　各种手势及其含义

手势	国家	手势含义
"OK"的手势	中国	表示"零"或"三"两个数字。
	美国	表示"赞扬""允许""了不起""顺利""好"。
	法国	表示"零"或"一钱不值"。
	印度	表示"正确"。
	日本、缅甸、韩国	表示"金钱"。

续表

手势	国家	手势含义
大拇指手势	中国	向上伸表示赞同、一流、好等，若大拇指向下，表示蔑视、不好等意思。
	英国	表示“OK”之意或是打车之意，若大拇指向下，多表示反对、不认可之意。
“V”字形手势	英国	掌心向外，主要表示胜利（英文 Victory 的第一个字母）；掌心向内，表示侮辱、轻视之意。
	荷兰	表示“自由”“胜利”。
	塞尔维亚	表示“英雄气概”。
伸出食指手势	亚洲某些国家	表示“一”“一个”“一次”。
	法国、缅甸等	表示“请求”“拜托”之意。

七、表情

在人际交往中，表情不仅真实可信地反映着人们的思想、情感、心理活动与变化，而且传达的情感信息要比语言微妙得多。

（一）眼神礼仪

1. 注视区域

目光注视区域如图 2-18 所示。

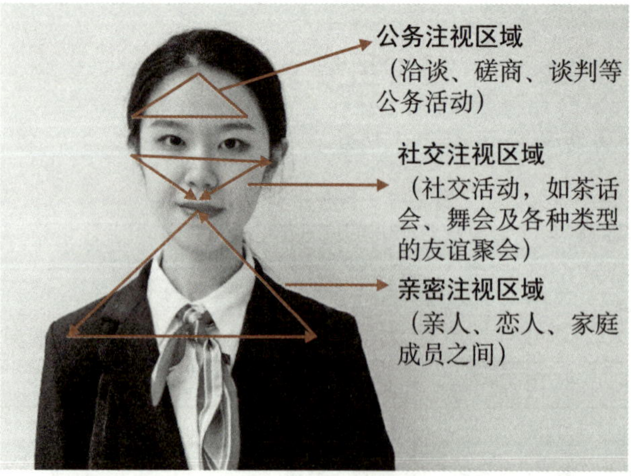

图 2-18　目光注视区域

2. 注视时间

自然有礼貌的做法是：在交谈过程中，与对方目光接触应该累计达到 50%～70%，其余 30%～50% 的时间，可注视对方脸部以外 3～5 米处。

（二）微笑礼仪

微笑是一种温馨、亲切的表情，能有效地缩短双方的距离，给对方留下美好的心理感受，从而形成融洽的交往氛围。

微笑的要求是：发自内心、自然大方，显示出亲切之感，由眼神、眉毛、嘴巴、表情等协调动作来完成。

一度微笑如图 2-19 所示，二度微笑如图 2-20 所示，三度微笑如图 2-21 所示。

图 2-19 一度微笑

图 2-20 二度微笑

图 2-21 三度微笑

小贴士

三种程度的微笑

一度微笑：嘴角肌上提，有浅浅的笑意。

二度微笑：嘴角肌、颧骨肌同时运动。交谈中，用二度微笑会传达友好并让人觉得受到尊重。

三度微笑：嘴角肌、颧骨肌、眼轮匝肌同时运动。这是微笑的最高境界，一般会露出6～8颗牙齿，但最终露不露牙齿可根据自己嘴型与牙齿状况决定。交流成功、送客时可以采用三度微笑。

百礼齐鸣

细节决定风度，很多公众人物被誉为“行走的礼仪教科书”，请具体介绍一位这样的公众人物。

任务二 塑造端庄仪容

见微知礼

微课：塑造端庄仪容

案例导入

新业公司根据收到的求职材料约见预选对象张娜。面试时，张娜涂着鲜艳的口红，烫着时髦的发式，戴着华丽而夸张的饰品，亮丽的宝石跟金色搭配的“贵妇甲”格外引人注意，给人以一种轻佻的感觉。张娜第一轮面试就落选了。事后，人事总监对她说："我认为你不可能仅仅因为化了美丽的妆而取得一个职位，但是我可以肯定你化错了妆就会失去一个职位。"

分析：

仪容能给人造成直接而敏感的"第一印象"，美好的仪容总能令人敬慕和青睐。整洁、得体、美观、高雅的仪容，不仅是对他人的尊重，而且会为我们赢得尊重、好感，获得成功；脏乱、不当、俗气的仪容带来的只能是轻视、反感甚至失败。

仪容是指一个人的容貌，包括人的面部、头发、手部、脚部等，是个人仪表的重要组成部分。仪容修饰的基本规则是美观、整洁、卫生、得体。

一、化妆礼仪

化妆既为自尊，也为尊重他人。化淡妆已成为一种礼仪。

（一）淡妆要求

1. 自然

自然是美化仪容的最高境界，自然的妆容使人看起来真实而生动。如果失去自然的效果，就没有生命力和美感了。化妆的最高境界是看似无妆胜有妆。

2. 协调

美化仪容要做到以下几个方面：一是全身协调，即脸部修饰必须与发型、服装、饰物相协调，力求取得完美的整体效果。二是妆面协调，即化妆部位色彩搭配、浓淡协调，针对脸部个性特点，整体设计协调。三是身份协调，即化妆时要考虑自己的职业特点和身份，采用不同的化妆手段和化妆品。

3. 美观

美观是从效果来说的。漂亮、美丽、端庄的仪容是形成良好的社交形象的基本要素之一。要使仪容达到美观的效果，首先必须了解自己的脸型及脸的各部位特点，其次要扬长避短。

小故事

李清照却对菱花淡淡妆

李清照的一首《丑奴儿·晚来一阵风兼雨》写道："晚来一阵风兼雨，洗尽炎光。理罢笙簧，却对菱花淡淡妆……"李清照的化妆境界是"淡淡妆"。李清照在生活中化"淡淡妆"的同时，更注重为自己的思想和精神提供盛装。她会为了买到喜欢的书而节省化妆品的开销。靖康之变后，李清照在南逃时还载着十五箱书籍。除了读书创作，李清照在茶余饭后的消遣也显得极为高雅，让我们看到了真正的才女气质。纳兰性德在《浣溪沙·谁念西风独自凉》中所写的"赌书消得泼茶香"，就足以证明这一点。

（二）化妆步骤

女士化淡妆流程如图 2–22 所示。

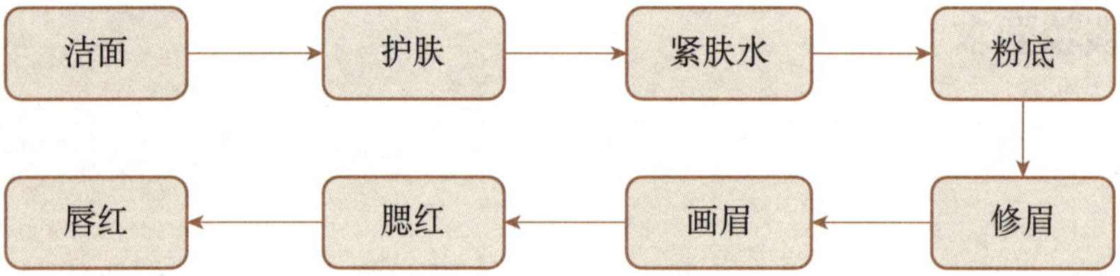

图 2–22　女士化淡妆流程

眉毛修饰示意如图 2–23 所示。

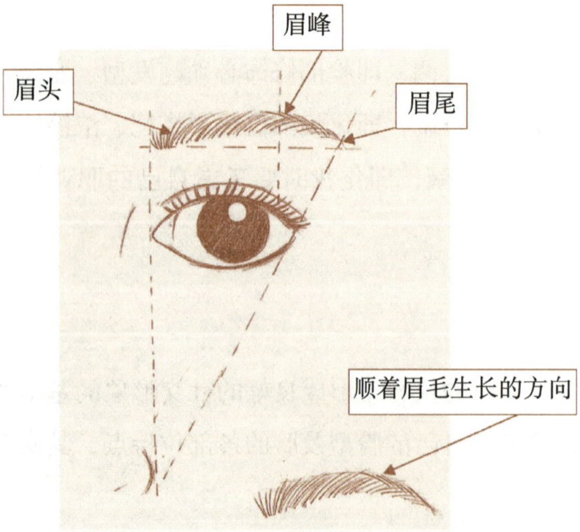

图 2–23　眉毛修饰示意

视频：化妆练习

小贴士

化妆小技巧

（1）底妆：干净，使用接近肤色的粉底液或隔离霜。

（2）眼妆：色彩层次清晰，忌夸张。

（3）眉毛：眉头轻，眉尾重，用色接近发色。

（4）腮红：使用与肤色相配的腮红颜色。

（5）唇妆：使用唇线笔勾勒。

（6）定妆：轻轻用化妆刷扫在脸上。

化妆注意事项

（1）正式场合要化妆。

（2）工作场合要化淡妆。

（3）不当着他人的面化妆。

（4）不借用他人的化妆品。

（5）不指责他人的妆容。

（6）不要出现妆容残缺。

二、头发修饰

职场人士头发修饰应以简约、典雅的风格为主。头发长短要适度。男士可视情况使用定型水固定毛糙的头发，不烫染夸张、怪异的颜色和发型。男士"前发不覆额，侧发不掩耳，后发不及领"。一般不建议剃光自己的头发（生理原因光头的情况除外）。男士职业发型如图 2–24 所示。

图 2–24 男士职业发型

女士披发不过肩。发型应高雅、干练、大方，与个人年龄、脸型、身材、服装等相符合。不同的脸型可以选择不同的发型。

（一）鹅蛋脸适合的发型

中长发、微卷的大波浪和鲍伯头这三种发型更能凸显鹅蛋脸的优势（见图 2–25）。

图 2–25 鹅蛋脸适合的发型

（二）圆形脸适合的发型

长直发、长刘海和扎起来的长卷发马尾这三种发型可以修饰圆形脸，让脸看起来稍显瘦长（见图 2–26）。

图 2–26 圆形脸适合的发型

（三）心形脸适合的发型

向内拉顺的中长发、中长的卷发或是将马尾侧绑在一边，这三种发型可以将视觉重点拉到眼睛和脸颊处，起到修饰下巴的效果（见图 2–27）。

图 2–27 心形脸适合的发型

（四）菱形脸适合的发型

两侧或单侧可以略微遮盖脸颊的长直发、带厚重刘海的大波浪卷发以及短发，可以缓和脸部线条（见图 2–28）。

（五）国字脸适合的发型

多层次的长发、长卷发或是带有旁分短刘海的发型，可以稍稍遮盖双颊（见图 2–29）。

图 2–28　菱形脸适合的发型

图 2–29　国字脸适合的发型

（六）长方形脸适合的发型

带刘海的长发或长卷发、带刘海的鲍伯头，可以将额头遮住使脸型看起来变短、变小（见图 2–30）。

图 2–30　长方形脸适合的发型

小贴士

女士职场发型参考标准

1. 头发长度的界定

短发：头发长度不超过颈部，称为短发。短发需梳理整齐，碎发需固定。

中发：头发的长度不超过肩部，中发可披散头发，或扎在脑后。

长发：超过肩部的头发为长发，长发需要束起或盘发。

无论是短发、中发、长发，都要避免头发的毛糙，刘海不能遮住眉眼。

2. 可选择的头发颜色

头发的颜色应以保守为主。如果需要染色，可以选择比较自然、保守的颜色，如棕色、深咖色、栗色等。

视频：女士职业发型设计

百礼齐鸣

著名作家林清玄在《生命的化妆》中借一位化妆师友人之口提出：“最高明的化妆术，是经过非常考究的化妆，让人家看起来好像没有化过妆一样，并且化出来的妆与主人的身份匹配，能自然表现那个人的个性与气质。”请结合化妆礼仪，谈谈你对这句话的看法。

任务三 协调正装穿搭

见微知礼

微课：协调正装穿搭

案例导入

北京2022年冬奥会和冬残奥会颁奖礼仪服装从配色、图案到设计构思处处体现了中国传统服饰智慧。当冬奥会邂逅农历新年，颁奖礼仪服装“瑞雪祥云”“鸿运山水”“唐花飞雪”以中国韵味点缀冬奥会赛场的高光时刻。

中国色彩描绘出浪漫邂逅

北京冬奥会正值壬寅新年，设计师首先聚焦春节文化元素。中国红最能表现吉祥、喜庆的节日氛围。同时，端庄、大气、沉稳的蓝色又能体现出奥运赛事的拼搏精神。

传世图画激荡起灵感火花

青山绿水，咫尺千里。意境还原《千里江山图》的舞蹈《只此青绿》在春晚惊艳亮相，备受关注。同样融合这幅传世画卷的“鸿运山水”与冬奥会核心图形中的抽象山影相结合，碰撞出传统与现代的审美韵律。穿越千年，这幅山水画卷将以新的设计图式为冬奥会添彩。

“唐花飞雪”的图案设计灵感也来自传统文化。这套礼服的主要图形由唐代织物上的宝相花与雪花组成。宝相花是唐代织物、器物上的经典纹样。宝相花也叫八方如意。它并不是真正意义上的写实花，是莲花、牡丹花、菊花甚至传统如意纹的集合，由八朵如意云头组成。用这样的吉祥图案是对冬奥会的美好祝福。

“惜物”观呈现中国服饰智慧

要展现中国的特点，服饰是一个很好的文化载体，通过服饰向世界展示中国文化。

“瑞雪祥云”中精巧的帽形设计受到网友关注。从最早出土的实物来看，这个帽形在辽代就有，而且做起来非常简单。一块与头围等长的布，卷成筒状，再找8个等分点，合在一起……几乎不动剪刀，不想要了还可以拆掉，这块布还能继续用，体现了“惜物”观，这就是中国传统服饰的智慧。

分析：

服饰文化是一个民族、一个国家文化素质的物化，是内在精神的外显，是社会风貌的显示。中国传统服饰有着悠久的历史，在数千年的发展演变中，形成了具有中国气派、体现着中华民族独特神韵、博大精深的服饰文化遗产。

服装，大而言之是一种文化，反映一个民族的文化素质、精神面貌和物质文明发展的程度；小而言之是一种语言，反映一个人的社会地位、文化修养、审美意识，同时也表现出一个人对自己、他人以及生活的态度。职业人士的服饰与单位的形象是联系在一起的，代表着单位的管理水平、人员素质、文化理念等很多内涵。

一、TPO原则

TPO 原则是世界通用的着装打扮的最基本的原则。它要求人们的服饰力求和谐。着装要与时间、季节相吻合，符合时令；要与所处场合环境，与不同国家、区域、民族的习俗相吻合，符合着装人的身份；要根据不同的交往目的、交往对象选择服饰，给人留下良好的印象。

服饰礼仪 TPO 原则如图 2–31 所示。

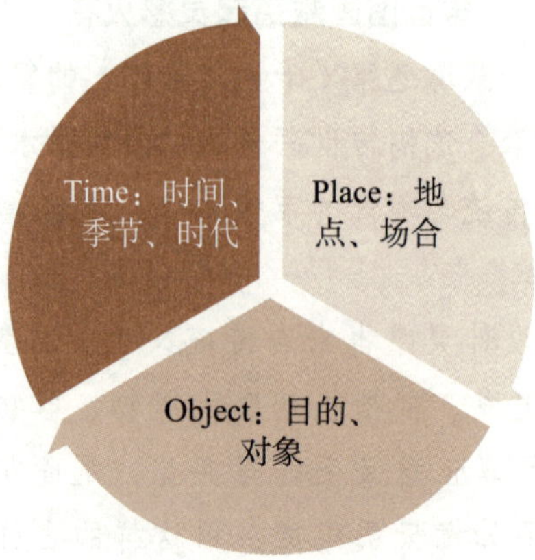

图 2–31　服饰礼仪 TPO 原则

小贴士

有服章之美，谓之华

《春秋左传正义·定公十年》疏云：“中国有礼仪之大，故称夏；有服章之美，谓之华。”意思是：中国是礼仪之邦，故称“夏”，“夏”有高雅的意思；中国人的服饰很美，故作“华”。

二、西服穿着礼仪

西服以造型美观、线条简洁流畅、立体感强、适应性广泛等特点而几乎成为世界通用的服装。西服七分在做，三分在穿。西服穿搭礼仪如表 2–2 所示。

表 2–2　西服穿搭礼仪

西服搭配	图例	穿搭要点
衬衫袖口、领口	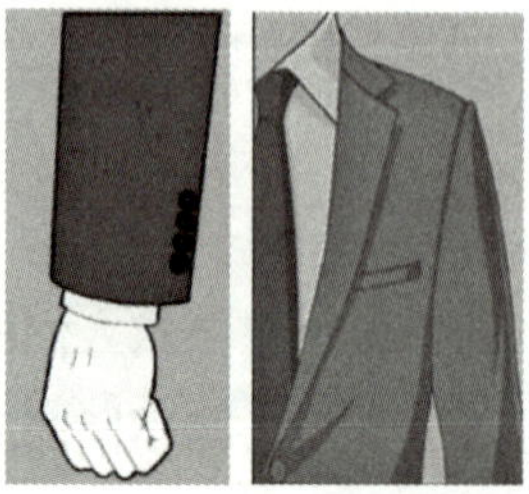	站立时，双手自然下垂，衬衫袖口长出西服 1～2 厘米，衬衫领口高出西服 1～2 厘米。

续表

西服搭配	图例	穿搭要点
袖口商标	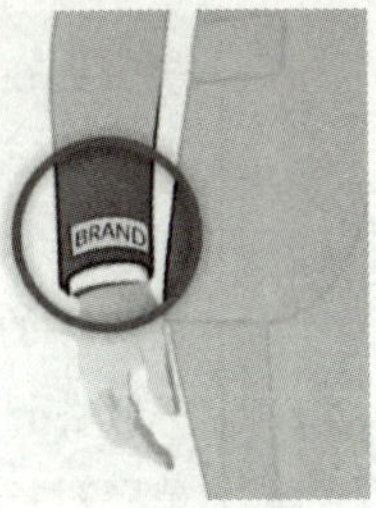	拆除商标和辅助线。买回来的西服一定要记得拆掉衣袖上的商标等标志。 在西服下摆开衩的地方通常有定型的辅助线，这个也要拆掉。
西裤裤长、鞋袜	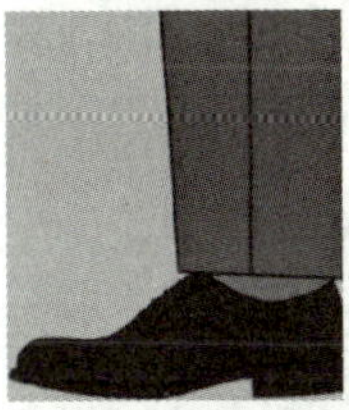	最合适的裤腿长度应该是后面露出鞋跟，前面裤脚刚好盖住脚面。 搭配皮鞋（薄底、素面、系鞋带最佳）和深色高筒袜。
襟花位置		襟花佩戴在翻领处，或者翻领的扣眼，而不是西服左胸的口袋。
口袋巾		领带和口袋巾在颜色、材质、花纹上面不能一模一样。 穿搭时，需考虑衬衫、套装、领带（领结）和口袋巾的整体搭配。 如果以上元素都带图案，口袋巾最好选用单一色彩。如果选择两种相似图案，相似图案的大小应该不同。如果选择两种不同图案，单位图案的大小也应该不同。
领带长度	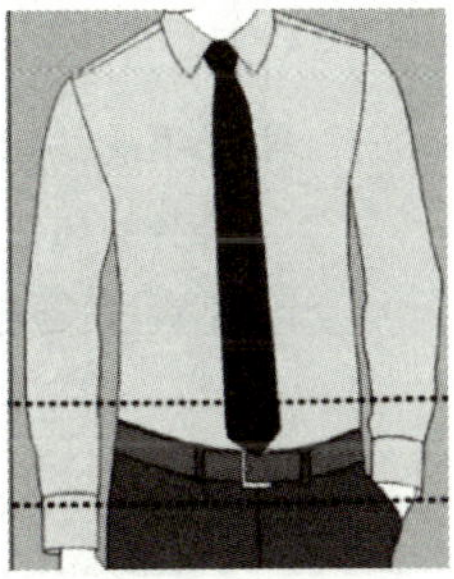	穿西服要打领带。领带打完后，领带尖要正好落在皮带扣上。 如果衬衫第一粒纽扣解开，可以不打领带。

续表

西服搭配	图例	穿搭要点
领带夹位置	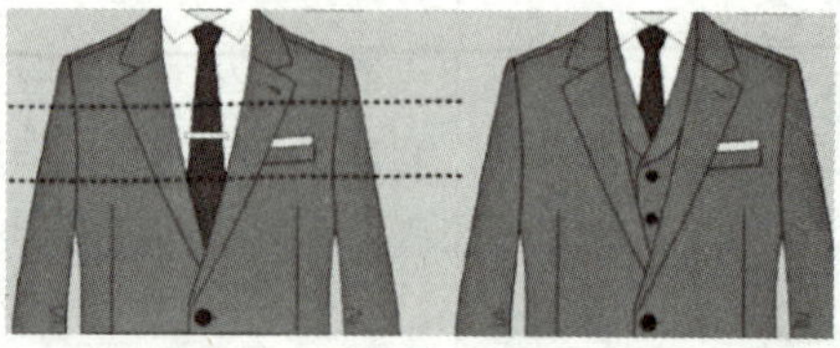	领带夹在正胸偏上，约在衬衫从上往下数第三与第四粒纽扣之间，切忌歪歪扭扭。 领带夹的宽度应与领带宽度相匹配，一般略窄于领带最宽处。 单穿衬衫、马甲或双排扣西服可以不用搭配领带夹。
单排扣扣法		一粒扣西服总是扣着的，表示正式，站立时系扣、坐下时解扣，系上端庄，不系则潇洒休闲。 两粒扣西服扣上面一粒表示郑重，不扣最后一粒。 三粒扣西服总是扣中间那一粒，有时扣第一粒，不扣最后一粒。
双排扣扣法		只系上面一粒显得优雅。 上下两粒全部系上，显得正式严谨。 上面的一粒扣子不系只系下面的扣子，属于意式穿法，轻松休闲。
马甲的穿搭		马甲最后一粒扣不扣。 合身的马甲应该让腰线刚好遮住腰部，不宜过长或过短。

小故事

西服最后一粒扣子为什么不系

西服的最后一粒扣子不系好像是众人皆知的礼仪细节，但这到底是为什么呢?

关于这个礼仪的故事有很多。有人说这起源于 20 世纪初的英国国王爱德华七世。他的体形偏胖，穿着正装时最后的扣子实在系不上，于是他决定不系，既舒服又美观。当时很多老百姓看到国王这样很是与众不同，也就学着不系最后一粒扣子，这个礼仪习惯也延续至今。

还有人说是因为西服礼仪成形于 16 世纪，那时的男人利用马当作交通工具。穿着正装系上所有扣子会很拘谨，不方便，也容易将下摆崩开，干脆就不系最下面那粒扣子了。久而久之人们发现这样也很美观，于是将它作为习惯与传统延续至今。

也有人说这源于温莎公爵爱德华八世。他有着很高的着装品位，认为三扣西服最上面那粒有时要扣，中间那粒必须扣，下面那粒绝不要扣。他还认为，西服是让绅士更英俊洒脱的装扮，而不是顽固死板的着装。

还有一种说法是，西服扣子全系代表着要去参加葬礼等比较庄严肃穆的仪式。

西服穿着“三个三”原则如图 2-32 所示。

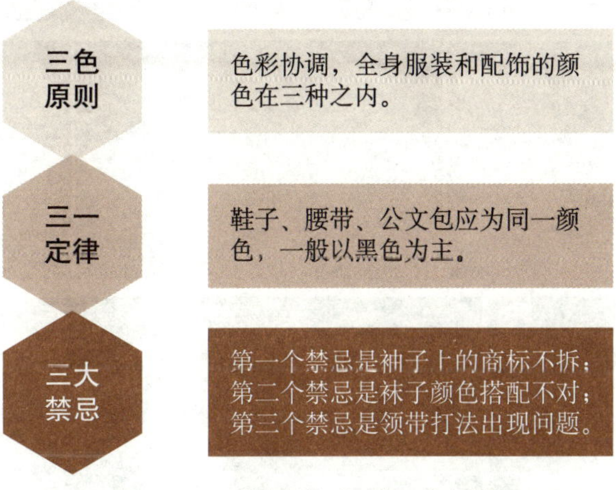

图 2-32　西服穿着“三个三”原则

西服保养存放的方式对西服的造型和穿用寿命影响很大。高档西服要挂在通风处并常晾晒，注意防虫与防潮。

视频：领带打法（半温莎结）　　视频：领带打法（温莎结）

温莎结打法分解如图 2-33 所示。

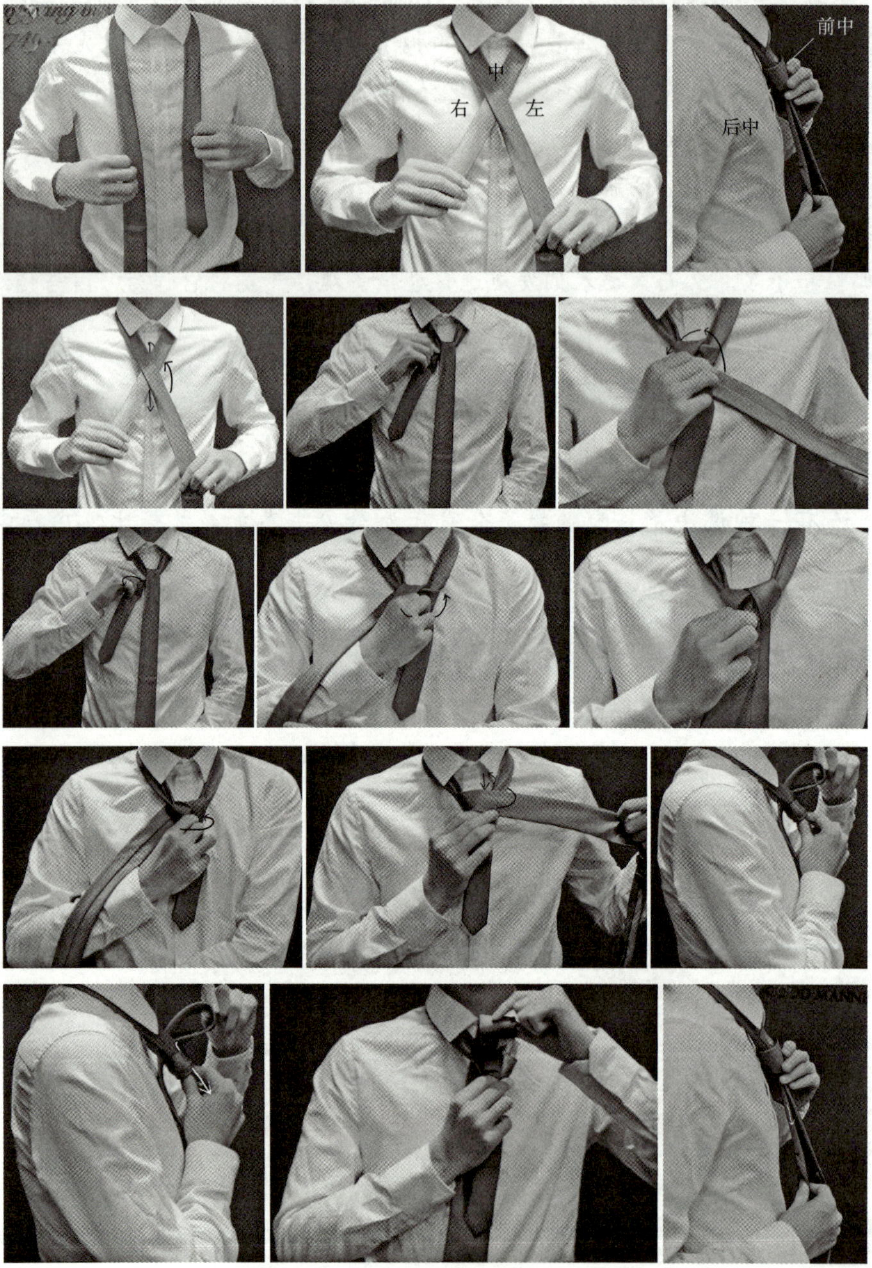

图 2-33　温莎结打法分解

小贴士

领带的颜色和图案

色彩是领带最直观的语言。暖色系的领带如同阳光普照，传递出温暖与热情的气息，让人感受到佩戴者的友好与开放；冷色系的领带如同月光般冷静，透露出庄严与沉稳，彰显出佩戴者的严谨与专注。明亮色系的领带，犹如繁星点点，充满活力与朝气，是年轻与活力的象征；暗色系的领带如同深夜的蓝，显得深沉而严肃，反映出佩戴者的稳重与内敛。

除了色彩，领带的图案也是其个性表达的重要方式。不同的图案诉说着不同的故事，彰显着不同的性格特质。斜纹代表勇敢，方格代表热情，碎花代表体贴，垂直线代表安逸，横线显得平稳，波纹线代表活泼、跳跃，圆形代表饱满成熟。

三、中山装穿着礼仪

中山装是孙中山先生在广泛吸收欧美服饰的基础上，综合了日式学生服装（诘襟服）与中式服装的特点，设计出的一种立翻领、有袋盖的四贴袋服装。根据礼仪的基本要求，穿着中山装时务必遵守以下规范：

（1）要拆除衣袖上的商标。

（2）要熨烫平整，使其显得平整而挺括，线条笔直。

（3）要扣好纽扣。站立之时，中山装上衣的纽扣应当全部系上，以示郑重。就座之后，中山装上衣的纽扣则可解开下面的一粒或两粒，以防其扭曲走样。

（4）袖子不卷不挽。

（5）口袋少装东西，保证中山装在外观上不走样。

中山装穿着及其示样如图 2–34 所示。

四、女士职业装穿着礼仪

女士的服装比男士更具个性特色，合体的服饰将增添女士的自信。商界女士在正式场合的着装以裙装为佳，在所有适合商界女士在正式场合所穿的裙式服装之中，套裙是首选。职业套装更能彰显女性高雅的气质和独特的魅力。

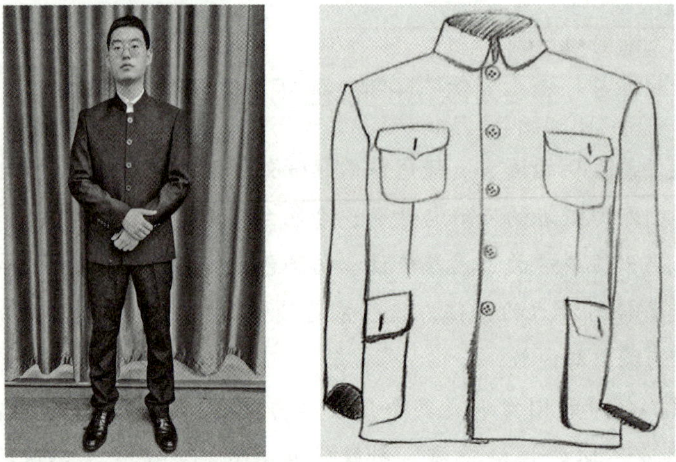

图 2–34　中山装穿着及其示样

（一）女士套裙穿着礼仪

女士套裙穿着礼仪如图 2–35 所示。

图 2–35　女士套裙穿着礼仪

视频：丝巾打法

小贴士

女士套裙的版型

女士套裙的版型可以分为 H 型、X 型、A 型、Y 型四种。

H 型：上衣宽松，裙子筒式；直上直下，浑然一体，显得优雅含蓄，也可以遮掩肥胖。

X 型：上衣紧身，裙子喇叭；上宽下松，突出细腰，显得婀娜多姿。

A 型：上衣紧身，裙子宽松；松紧有致，富有动感，既能体现上半身的优势，又能适当遮掩下半身的劣势。

Y 型：上衣宽松，裙子紧身；上松下紧，以简式为主，显得亭亭玉立。

（二）首饰佩戴礼仪

首饰的佩戴虽然是以自身喜好为主，但也要遵循一定的礼仪规范。首饰的佩戴有约定俗成的意义。

1. 戒指的佩戴

戒指戴在食指上，表示求婚；戴在中指上，表示正在恋爱；戴在无名指上，表示已订婚或完婚；戴在小指上，表示欲求独身。西方人则习惯男戴右手，女戴左手。

2. 项链的佩戴

一般所戴的项链不应多于一条，但可将一条长项链折成数圈佩戴，或者用长短不一的项链做出恰当的搭配。短项链，长约 40 厘米，适合搭配低领上装；中长项链，长约 50 厘米，可广泛使用；长项链，长约 60 厘米，适合女士用于社交场合；特长项链，长约 70 厘米，适合女士在隆重的社交场合佩戴。

3. 吊坠的佩戴

吊坠一般都是与项链配套使用的。选择吊坠时，首先要考虑是否与项链相搭配，或者根据吊坠来选择合适的项链。正式场合不要选用带有过分怪异或令人误解的图形、文字的吊坠，以免引起别人的误会，也让自己失态。一般也不要同时使用两个或两个以上的吊坠，这样会显得杂乱。

4. 耳环的佩戴

耳环讲究成对使用，即两只耳朵各佩戴一只耳环。耳环不是耳钉，如果佩戴过多或者两边不均匀，很容易显得不协调。一般不宜在一只耳朵上同时戴多只耳环。不要选择与脸形相似的耳环。若无特殊要求，不要同时佩戴链形耳环、项链与胸针。三者集中于齐胸一线，容易显得过分张扬且繁杂凌乱。

5. 手饰的佩戴

手镯可以只戴一只，也可以同时戴上两只。戴一只时，通常应戴于左手。戴两只时，可一只手戴一个，也可以都戴在左手上。一般不要在一只手上戴多于两只的手镯，除非是成套的搭配。手链一般一只手上仅限戴一条，并应戴在左手上。最好不要在一只手上戴多条手链，或者双手同时戴手链。一般来说，手链与手镯均不要与手表同戴于一只手上。

百礼齐鸣

在日常生活中，你是否见过这样的现象：穿着睡衣、拖鞋优哉闲适地在小区遛弯、在超市购物……请结合服饰礼仪 TPO 原则，谈谈你对这一现象的看法。

项目实施

项目分解	活动安排	任务内容	项目成果
课题研究	分组活动，校内教师指导	形象力就是竞争力。通过学习微课、观看职场观察类综艺节目，明确职业人士形象要求，提升对职业化形象的认知，强化规则意识。	研究报告、PPT 汇报、视频分享（可选）
企业调研	集体活动，校内教师安排	实地走访、考察书香服务股份有限公司，了解企业窗口岗位员工在仪态、仪容、服饰方面的规范和要求。	调研报告
形象设计	分组策划，校企教师共同指导	职业形象设计遵循内外兼修的思路，包括仪态举止的塑造、职业妆容的打造、个人色彩的判断、服装风格的选择等。	图文展示、培训课件、现场展示（可选）

项目评价

考核项目	考核内容	分值	自评（20%）	小组（40%）	教师（40%）	得分
课题研究	方案明确，方法合理，全面深入，重点突出	20				
企业调研	准备充分，目标明确，深入分析，结果客观	20				
形象设计	准确得体，端庄大方	30				
工作态度	参与度、积极性	10				
团队合作	分工与合作情况	10				
创新创意	原创性、新颖性	10				
总　分						

项目拓展

一、知书达礼

1. 单选题

（1）公务注视中，目光的注视区域在（　　）。

A. 对方双眼或双眼与额头之间　　B. 双眼和嘴之间的三角区域

C. 两眼与胸部之间的三角区域　　D. 任意某个区域

（2）下列关于职场男士发型要求不正确的是（　　）。

A. 男士头发要清洁，长度要适宜

B. 前发不覆额，侧发不掩耳，后发不及领

C. 不能留长发、大鬓角

D. 允许烫染自己喜欢的颜色

（3）下列关于商务场合女士发型要求不正确的是（　　）。

A. 女士头发不可挡盖眼睛

B. 不留怪异的新潮发型

C. 头发过肩扎起时，以深色的发夹、发网为好

D. 长发可以披散

（4）职场人士着装的 TPO 原则不包括（　　）。

A. Time　　B. Place　　C. Object　　D. Position

（5）关于单排一粒扣的西服，下列说法错误的是（　　）。

A. 站时系扣　　B. 坐时解扣

C. 正式场合扣上　　D. 不论什么场合都要扣上

（6）以下哪种是单排两粒扣西服的正统扣法？（　　）

A. 两粒全扣　　B. 扣上面一粒　　C. 扣下面一粒　　D. 两粒均不扣

（7）穿着西服时裤子的长度应（　　）。

A. 垂直于皮鞋表面　　B. 覆盖住皮鞋表面

C. 覆盖住袜子　　D. 到脚踝部位

（8）西服穿着讲究的“三一定律”是指（　　）。

A. 鞋子、腰带、公文包的色彩必须统一

B. 衬衫、腰带、公文包的色彩必须统一

C. 西服、衬衫、皮鞋的色彩必须统一

D. 鞋子、领带、公文包的色彩必须统一

2. 多选题

（1）73855 理论认为，沟通中起主要作用的有（　　）。

A. 肢体语言　　B. 语音语调　　C. 语言　　D. 表情

（2）男士西服穿着三大禁忌包括（　　）。

A. 袖子上的商标不拆　　B. 袜子颜色搭配不对

C. 领带打法出现问题　　D. 不打领带

二、躬行践礼

1. 仪态礼仪训练

【站姿训练】

（1）贴墙站立。要求脚后跟、小腿、臀、双肩、后脑勺都紧贴墙，感受到身体上下处于一个平面。

（2）背对背站立。要求两人一组，背对背站立，两人的小腿、臀部、双肩、后脑勺都贴紧。两人的小腿之间夹一张小纸片，不能掉下来。

（3）站姿训练可结合微笑训练进行，自然大方，可配上悠扬、欢乐的音乐以调整心情。

【坐姿训练】

（1）练习坐姿。按规范的坐姿坐下，配上背景音乐，练习在高低不同的椅子、沙发以及不同交谈气氛下的各种坐姿。训练时，重点强调上身挺直，双膝不能分开，将一张小纸片夹在双膝间，不能掉下来。

（2）练习入座、起立。入座时，整理服饰，按规范动作坐下。起立时，速度适中，既轻又稳。

【走姿训练】

（1）在地上画一条直线，行走时双脚内侧稍稍碰到这条线。配上节奏明快的音乐，训练行走时的节奏感，眼睛平视，收腹、挺胸、面带微笑，充满自信和友善。

（2）顶书练习。纠正走路时摇头晃脑的毛病，保持在行走时头正、颈直。

（3）练习背小包、拿文件夹、公文包时的行走。

【眼神礼仪训练】

（1）锻炼自己丰富多样的眼神。

（2）配合眉毛和面部表情，充分表情达意。

（3）注意眼神礼仪。

（4）追逐鸽子飞翔可使目光有神。

【微笑礼仪训练】

（1）与脸部表情相结合。微笑要眼形笑（两只眼角柔和地上扬）、眼神笑（眼神亲切自然，眼神流动着发自内心的笑意）、嘴也笑（嘴角两边稍微往上扬），流露出善意、礼貌、喜悦之情。

取一张厚纸遮住眼睛下面部位，对着镜子，心里想着最让你高兴的情景。整个面部露出自然的微笑，眼睛周围的肌肉也在微笑的状态，即“眼形笑”。放松面部肌肉，嘴唇恢复原样，目光中仍然含笑脉脉，即“眼神笑”。

（2）与口头语言相结合。在真诚微笑的同时，还要有热情、真诚的语言，如微笑地说“早上好”“您好”。

（3）与肢体语言相结合。微笑的同时与正确的肢体语言相结合，相得益彰。

2. 礼仪操展示

请结合自己的专业和行业要求，将个人礼仪操作标准与职业礼仪规范相结合，6～8人一组，编排3～5分钟的礼仪操，配上合适的音乐背景，以视频的形式进行展示，或举办一次礼仪操大赛。

3. 服装秀

以班级为单位举办一次服装秀，体验传统与现代的交融、中方与西方的碰撞（见图2-36）。

视频：礼仪操展示

图 2-36　服装秀

三、品礼鉴仪

衣冠上国，礼仪之邦

“衣冠上国”的理念源于《周易·系辞下》“黄帝、尧、舜垂衣裳而天下治”的记载，是后世对华夏文明重视服饰礼仪的经典概括。“衣冠”用来指称华夏传统服饰体系（汉服为其核心载体）。汉服体系展现了华夏文明的内核以及儒家的仁义思想。

衣冠礼仪：服饰在华夏文明中，除了有“避寒暑、御风雨、蔽形体、遮羞耻、增美饰”等一系列实用功能，还有“知礼仪、别尊卑、正名分”等特殊意义。

衣冠象征：衣冠礼仪渐渐升华为文明的象征。《尚书正义》注“华夏”：“冕服华章曰华，大国曰夏。”《春秋左传正义·定公十年》疏云：“中国有礼仪之大，故称夏；有服章之美，谓之华。”

衣冠配饰：汉服的精妙在于它恰到好处的配饰。腰佩、蔽膝、绅绶、容刀等器物，与服饰相映成趣。其中，玉是最具代表性的配饰，成佩、组佩系于腰间，行走时玉饰相击，既有动感之美，更以玉声喻示君子行止有度，将礼仪风范融入日常举止。

四、推荐阅读

《礼仪中国》

作者　海英

这本书不属于传统典章礼制研究的读本，而是一本关于古人日常生活的礼仪小书。全书围绕行住坐卧、言谈举止、衣冠服饰、迎来送往、宴飨婚嫁等部分，通过图文、案例，以浅显、通俗的语言，呈现出一幅幅古代日常生活礼仪图景，既让大家了解到中华传统礼仪的基础知识，又让大家认识到其文化价值精髓和内涵。

本书对于传统礼仪细节的呈现，也为我们了解古礼提供了一个窗口。坐立行走的规矩，衣冠服饰的款式，见面待客的礼节，乃至餐桌上的一些基本礼仪，无不透着古人的谦逊、智慧与风度。

模块二
社会交往篇

项目三

进退有度进行会面交往

动画导课：待之以礼，受之以敬——如何恰当地进行人际交往

知礼学仪

“3A 法则”是指处理人际关系应重视的三个方面，是向交往对象表示尊重和友好的三大途径，分别指 Accept（接受）对方、Attention（重视）对方和 Admire（赞美）对方。

学习目标

◎ 知识目标

掌握见面礼仪的基本动作要领和规范，了解馈赠礼仪的基本原则和技巧；

掌握交谈礼仪、聆听礼仪的要领和规范；

掌握中西餐不同的礼仪规范。

◎ 技能目标

能够灵活运用交际场合中的介绍、握手、名片等礼节规范与人交际，懂得礼尚往来；

能够选择合适的话题进行交谈，语言规范，注意聆听细节；

能够按照礼仪规范做好中西餐宴请接待。

◎ 素养目标

在交往活动中，遵循真诚尊重的交往之道，适度从俗，敬人克己，语言文雅，谦敬得体；

在中、西餐用餐过程中，举止优雅，符合礼仪规范，提高自身的品位和格调。

思维导图

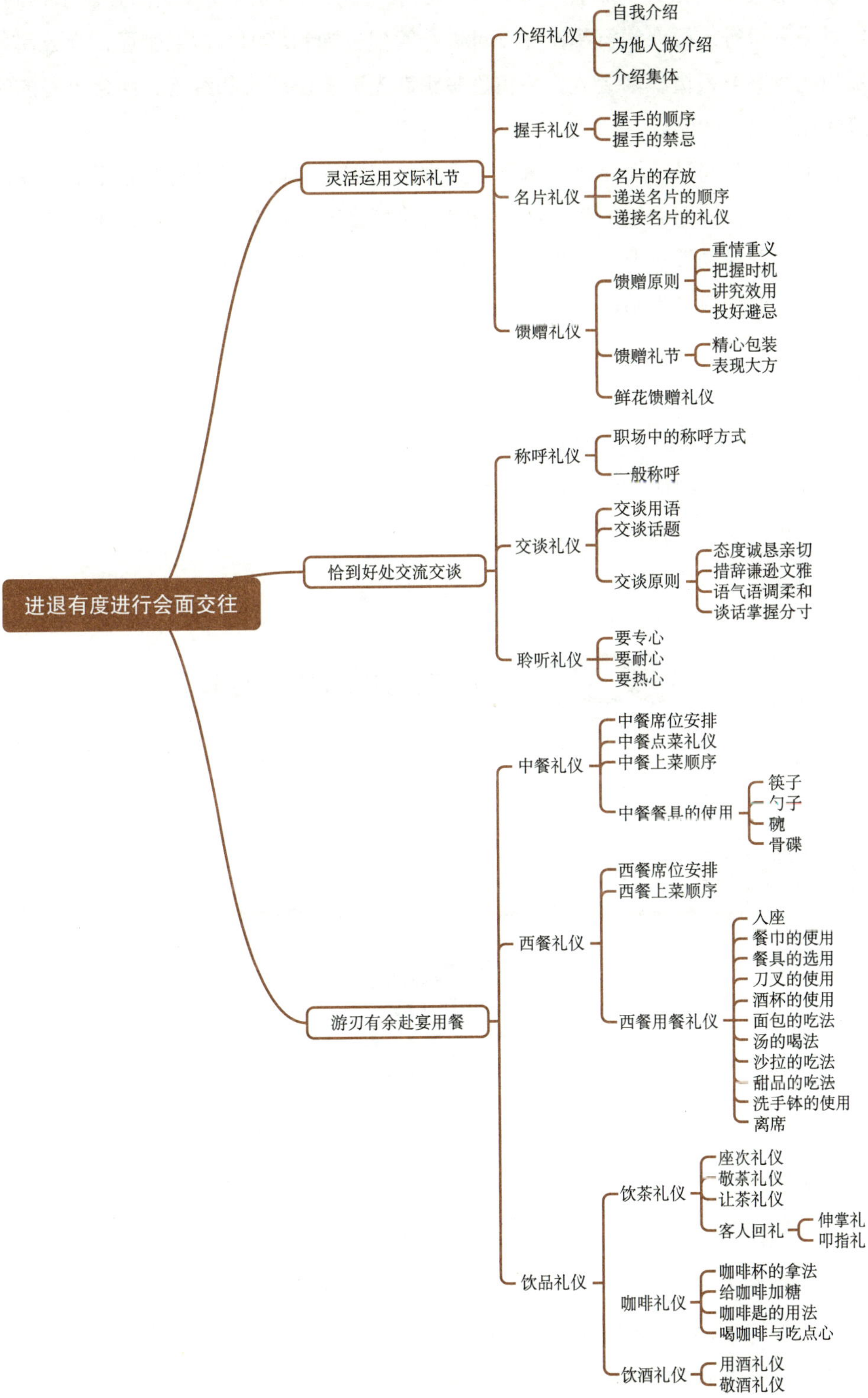
进退有度进行会面交往
灵活运用交际礼节
介绍礼仪
自我介绍
为他人做介绍
介绍集体
握手礼仪
握手的顺序
握手的禁忌
名片礼仪
名片的存放
递送名片的顺序
递接名片的礼仪
馈赠礼仪
馈赠原则
重情重义
把握时机
讲究效用
投好避忌
馈赠礼节
精心包装
表现大方
鲜花馈赠礼仪
恰到好处交流交谈
称呼礼仪
职场中的称呼方式
一般称呼
交谈礼仪
交谈用语
交谈话题
交谈原则
态度诚恳亲切
措辞谦逊文雅
语气语调柔和
谈话掌握分寸
聆听礼仪
要专心
要耐心
要热心
游刃有余赴宴用餐
中餐礼仪
中餐席位安排
中餐点菜礼仪
中餐上菜顺序
中餐餐具的使用
筷子
勺子
碗
骨碟
西餐礼仪
西餐席位安排
西餐上菜顺序
西餐用餐礼仪
入座
餐巾的使用
餐具的选用
刀叉的使用
酒杯的使用
面包的吃法
汤的喝法
沙拉的吃法
甜品的吃法
洗手钵的使用
离席
饮品礼仪
饮茶礼仪
座次礼仪
敬茶礼仪
让茶礼仪
客人回礼
伸掌礼
叩指礼
咖啡礼仪
咖啡杯的拿法
给咖啡加糖
咖啡匙的用法
喝咖啡与吃点心
饮酒礼仪
用酒礼仪
敬酒礼仪

项目描述

书香服务股份有限公司为提高管理人员的服务意识，与深圳某集团签订了顾问协议，专门针对浦发银行、微众银行等商业项目进行管理咨询和培训，以点带面，为公司培训后备干部和礼宾服务人员积累经验，并借鉴金钥匙先进管理理念和经验，结合公司的实际情况，打造礼宾服务团队。

金秋十月，公司又将派出部分骨干赴深圳某集团学习培训，培养后备干部。在为期一周的交流活动中，公司派出的骨干不仅将参观深圳会展、物管头部企业，还将与同行单位研讨如何加快形成物管行业新质生产力等课题。为确保本次培训的学习效果，人力资源部制定了外出培训学习工作手册。

任务清单

恭而有礼，敬人克己——灵活运用交际礼节

言之有礼，谦敬得体——恰到好处交流交谈

觥筹有礼，从俗敬客——游刃有余赴宴用餐

任务一 灵活运用交际礼节

见微知礼

微课：灵活运用交际礼节

案例导入

小乔今年大学刚毕业，在 AD 公司销售部担任助理，为人热情，做事主动。一天，GT 公司销售部的吴丽晶经理应邀前来洽谈业务。销售部王经理把接机的任务交给了英语口语流利的小乔。

小乔准时来到机场。在出口处，吴经理见到小乔手中的字牌，走到小乔面前说道："你好！你是AD公司的小乔吧？我是吴丽晶！"小乔连忙用不太标准的普通话说道："是的是的，我是小乔！您好！您就是GT公司的狐狸精（吴丽晶）吧？我是公司派来接您的。我是东方大学的研究生，现在是王总的得力助手。"小乔一边说一边伸手准备与吴经理握手。

返程的路上，小乔主动向吴经理介绍公司最近的发展情况。交流过程中，小乔因为有凑近和别人交谈的习惯，又怕别人顾忌被自己的口沫溅到，总是知趣地用手掩住自己的口。

面对小乔这样的称呼、这样的自我介绍、这样的握手方式以及交流方式，吴经理会有什么印象呢？

分析：

见面礼仪是日常社交礼仪中最常用、最基础的礼仪之一。工作中的称呼要做到庄重、正式、规范；自我介绍亦应"公事公办"，其主要内容应包括单位、部门、职务、姓名等；握手时双方伸手的先后次序应当遵守"尊者决定"的原则。

介绍是社交活动中最常见、最重要的礼节之一，它是初次见面、彼此陌生的双方开始交往的起点。

一、介绍礼仪

介绍通常指人们初次相见时，经过自己主动沟通，或者借助第三者的帮助，使原本不相识者彼此之间有所了解，相互结识。在社交场合中使用较多的介绍方法有以下几种：

（一）自我介绍

自我介绍是指把自己介绍给对方。自我介绍的内容要根据交往的具体场合、目的、对象的特点等实际情况来决定，不可一概而论。自我介绍的方法如表3–1所示。

表3–1　自我介绍的方法

种类	内容	适用场合	举例
应酬式	介绍自己的姓名即可。	公共场合； 一般性的社交场合。	你好！我叫李颖。
工作式（公务式）	以工作为中心的自我介绍，如姓名、单位和部门、职务或具体工作。	工作场合。	你好！我是李颖，是××学校教务处处长。

续表

种类	内容	适用场合	举例
交流式	姓名、工作、籍贯、学历、兴趣及与交往对象的某种关系（如地缘、业缘、学缘、血缘）等。	社交场合；以寻求与对方进行沟通、交流为目的。	我叫李颖，现在旭日公司人力资源部工作。我是 ×× 大学管理学院 2020 届的毕业生，真巧，我们是校友。
礼仪式	除姓名、单位、职务外，还应该加入一些适宜的谦辞和敬语，以表示自己的尊敬。	讲座、报告会、庆典等既正规又隆重的场合。	各位来宾，大家下午好！欢迎大家光临这次发布会。我是旭日公司公关部经理李颖。现在，我宣布开业仪式正式开始。
应聘式	姓名、单位、专业、学历、职务、职称、年龄、政治面貌、籍贯、教育背景、工作经历、专长、成绩或业绩、兴趣等；还要根据现场的情况见机行事地介绍。	应试、应聘和公务交往。	主考官问：“请介绍一下你的基本情况。” 应聘者：“各位好！我叫李颖，现年 20 岁，河北石家庄市人……”

小贴士

自我介绍的技巧

自我介绍应当实事求是、态度真诚，既不要自吹自擂、夸夸其谈，谎报自己的职务，吹嘘自己的才能，也不要自我贬低、过分谦虚。只有恰如其分地介绍自己，才会给人留下诚恳、可以信任的印象。

视频：交流式自我介绍

视频：演讲式自我介绍

（二）为他人做介绍

视频：为他人做介绍

为他人做介绍时的原则是“尊者居后”，即受到特别尊重的一方有了解对方的优先权，即首先把身份、地位较低的一方介绍给身份、地位较高的一方，以表示对尊者的敬重之意。

当被介绍人是同性别或年龄相仿，或一时难以辨别其身份、地位时，可以先把与自己关系较熟的一方介绍给与自己关系较为生疏的一方。为他人做介绍如图 3-1 所示。

图 3-1　为他人做介绍

小贴士

正确的介绍姿势

做介绍时，介绍人应起立，行至被介绍人之间。在介绍一方时，应微笑着用自己的视线把另一方的注意力吸引过来。手的正确姿势应为手指并拢，掌心向上，胳膊略向外伸，指向被介绍者。作为介绍人，在为他人做介绍时，一定要认认真真，不要敷衍了事或油腔滑调，也不要用手指指指点点。

（三）介绍集体

介绍集体是指在双方和多方人员共同参与聚会或活动时，为使参与人员之间互相认识而进行的介绍。

介绍集体的方法有很多，要根据活动的内容、参加人员的多少、活动时间的长短、必要性决定介绍的方法（见表 3-2）。

小贴士

两个“集体”的介绍

当介绍两个“集体”时，先把地位低的一方介绍给地位高的一方，即遵循“由卑至尊”的原则。如果是主宾双方，所谓地位低的一方指东道主，地位高的一方指客方。在介绍两个“集体”各方具体成员时，均须“由尊而卑”，依次进行。

视频：两个“集体”的介绍

表 3–2　介绍集体的方法

种类	适用场合	方法	举例
单向式	被介绍者一方为一人，另一方为多人。	“少数服从多数”，将前者介绍给后者，而不必再向前者一一介绍后者。	各位同学，请允许我介绍一下，这位是今天给我们做讲座的企业专家——凌霄总经理。
笼统式	被介绍者双方人数均较多，而又确无必要或可能对其逐一加以介绍。	酌情扼要地介绍一下双方的概况。	介绍一下：这些是我的家人，这几位是我生意上的伙伴。
尊卑式	多见于十分正规的商务交往。	由尊而卑地逐一介绍具体人员。	各位来宾：这些都是我们 ×× 公司的负责人。这位是 ×× 公司的总经理何大伟先生，这位是 ×× 公司的副总经理陈云女士。 各位同仁：这些都是来自厦门汇才集团的客人，这位是汇才集团的 CEO 欧阳夏丹先生，这位是汇才集团销售部经理吴菁小姐……

小贴士

选择恰当的介绍人

（1）在公务活动中，公关人员是最适宜的介绍人；

（2）在接待贵宾时，介绍人应该是本单位职位最高的人；

（3）在社交场合，主人应义不容辞地充当介绍人；

（4）在非正式场合，与被介绍人双方都相识的人应当担任介绍人。

二、握手礼仪

握手礼是人们见面时相互致意的最普遍的方式，也是最为流行的礼节之一。

握手礼含义很多，视情况而定，分别表示相识、相见、告别、友好、祝贺、感谢、鼓励、支持、慰问等不同意义。

握手礼示意如图 3-2 所示。

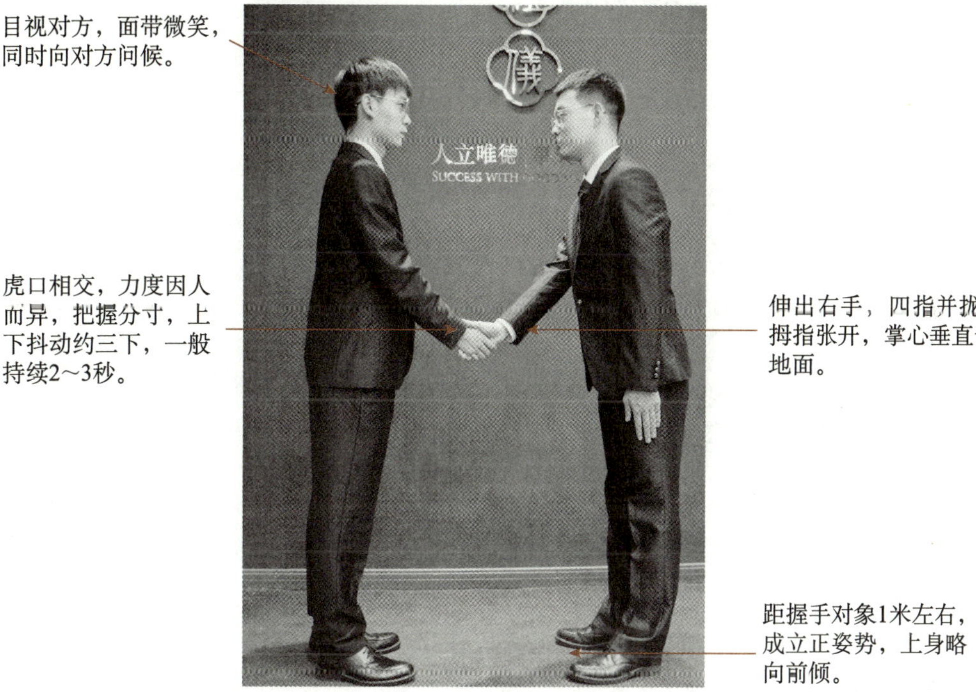

图 3-2　握手礼示意

小贴士

握手礼的起源

握手礼起源于原始社会。早在远古时代，人们以狩猎为生，如果遇到素不相识的人，为了表示友好，就赶紧扔掉手里的打猎工具，并且摊开手掌让对方看看，示意手里没有藏东西。后来，这个动作被战士们学到了，他们为了表示友谊，不再互相争斗，就互相摸一下对方的手掌，表示手中没有武器。随着时代的变迁，这个动作就逐渐形成了握手礼。握手礼示意如图 3-2 所示。

（一）握手的顺序

握手时伸手的先后顺序遵循“尊者决定”的原则，由尊者先行伸手，对方予以响应。

在公务场合，握手的先后顺序主要取决于职位、身份，由身份和地位高者先伸手。主人与客人之间，客人抵达时主人应先伸手，客人告辞时由客人先伸手。

在社交场合和休闲场合，握手的先后顺序主要取决于年龄、性别和婚否。年长者与年轻者之间，由年长者先伸手。女士和男士之间，由女士先伸手。

（二）握手的禁忌

错误的握手方式如图 3-3 所示。

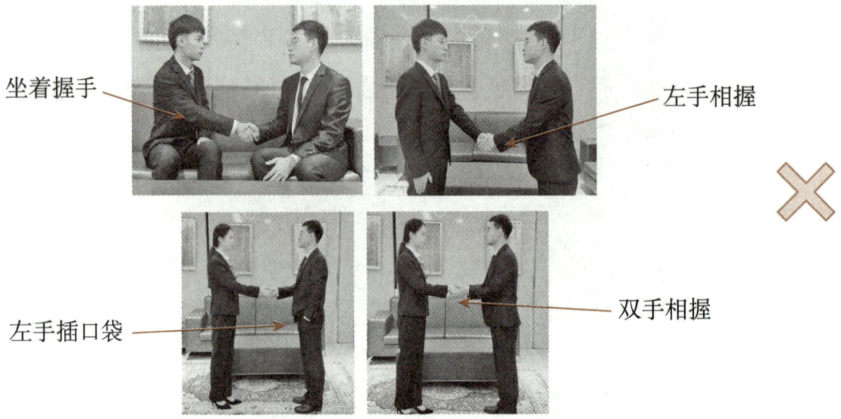

图 3-3　错误的握手方式

> **小贴士**
>
> **握手的其他禁忌**
>
> （1）不要在握手时眼看着别处或与他人打招呼。
>
> （2）一般情况下，不能拒绝别人伸出来的手，但如果是因为感冒或其他疾病，或者手脏，也可以谢绝握手。此时可以解释说："很抱歉，我不能握手。"
>
> （3）不要在握手时戴着手套，女士在社交场合戴着薄纱手套与人握手例外。
>
> （4）不要在握手时戴着墨镜，患有眼疾或眼部有缺陷者例外。
>
> （5）不要在握手时长篇大论、点头哈腰、热情过度，显得过于客套。
>
> （6）不要在握手时把对方的手拉过来、推过去，或者上下左右抖个没完。

握手礼有时也可以灵活变通。如一个人面对人数众多的人，不可能一一握手，可以用点头礼、注目礼、招手礼代替。

多人握手时，不可交叉握手，互相影响，应当待别人握过之后，再去握手，也可以用点头礼、招手礼代替。

不同的握手姿势如图 3–4 所示。

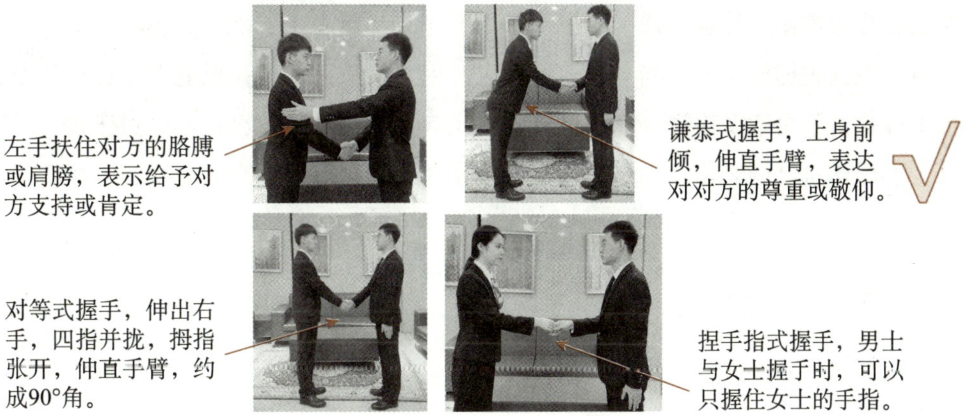

图 3–4　不同的握手姿势

小贴士

碰肘礼

碰肘礼起源于 2014 年利比里亚发生埃博拉病毒疫情期间，为了避免通过握手、贴面亲吻、碰鼻等方式传播病毒，中国政府援助利比里亚医疗队发起了这一礼节。碰肘礼不仅用于医疗队内部，还在全球多个国家和地区被采用，成为一种特殊的问候方式。

在特殊时期，碰肘礼的流行有其重要的实际意义。它避免了握手等传统礼仪可能带来的交叉感染风险，同时也在精神上给予人们鼓励和支持。碰肘礼这一动作所包含的伟大人文情怀，也成为不同国家、不同肤色、不同种族人民共同推崇的潮流。

三、名片礼仪

名片是现代社会中必不可少的社交工具。在交往中，人们用名片进行自我介绍，介绍友人相识或托人取物。名片也可以作为简单的礼节性通信工具。

（一）名片的存放

名片是一个人尊严、价值的外在显现方式，因此，无论对自己的还是对别人的名片，都应该妥善保管。

名片应放在较精致的名片夹里。男士的名片夹应该放在西服左胸内侧的口袋或公文包里，女士的名片夹应该放在手提包里。

（二）递送名片的顺序

递送名片应遵循“尊者后递”的原则，即男士先递给女士、晚辈先递给长辈、下级先递给上级、主人先递给客人。当与多人交换名片时，应按照职位高低的顺序或由远及近的顺序依次进行，不可跳跃递送。如果尊者先拿出自己的名片，自己也不必过于谦让，应大方收下，再回递自己的名片。如果是陪同上司出访，应该等上司交换名片后，再交换自己的名片。

（三）递接名片的礼仪

递送名片时应面带微笑，注视对方，立正站姿，上身微微前倾，双手持名片，正面朝上递出名片，礼貌地称呼对方，介绍自己。

接受他人的名片时，应尽快起身或欠身，面带微笑，眼睛要友好地注视对方，并道谢，使对方感受到你对他的尊重。

如果自己没有名片或者没带名片，应当首先向对方表示歉意，再如实说明原因，如“很抱歉，我没有名片”“对不起，今天我带的名片用完了”。

如果接受了对方的名片，不递上自己的名片，也不解释一下原因，是非常失礼的。

递接名片示意如图 3–5 所示。

图 3–5　递接名片示意

小贴士

名片的其他用途

名片可以代替便条，用作简单的礼节性表示。有人常在名片左下角处用小字作简单寄语，表达感谢、道别、慰问等。如果是本人亲自递交名片，就要用铅笔写；如果投寄名片，则用钢笔写。

西方人在送礼时通常会附上一张名片，而不书写礼单，这就表明自己不能亲自前往。

拜访陌生人或长辈时，可先请人递上一张名片作为通报之用，让对方考虑一下是否愿意见面。

在名片上方写上“兹介绍 ×× 先生”（“Introducing Mr.________”“To introduce Mr.________”“p.p.Mr.________”）之类的话，名片就具有介绍信的作用。这种情况下，介绍人比较礼貌的做法是先用电话等形式告知对方：有人将拿我写有 ×× 字样的名片去见您。

视频：职场交际情境案例

四、馈赠礼仪

馈赠是指人们为了向他人表达自己的情意，将某种物品不求报偿、毫无代价地送给对方。馈赠既是联络感情、增进友谊的有效手段，也是人际交往的一种基本行为。

（一）馈赠原则

1. 重情重义

礼品的贵贱厚薄，往往是衡量交往之人的诚意和情感浓烈程度的重要标志。然而，礼品的贵贱与其价值并不总成正比。因为礼物是言情、寄意、表礼的，是人们情感的寄托物，人情无价而物有价，有价的物只能寓情于其身，而无法等同于情。“千里送鹅毛”的故事在我国妇孺皆知，被标榜为“礼轻情意重”的典范。“折柳相送”也常为文人所津津乐道。

小贴士

“不送”原则

（1）不送过于昂贵的礼物；
（2）不选择过于便宜的产品或者伪劣产品；
（3）不送不合时宜、不健康的礼物；
（4）不送容易让对方产生误解的物品；
（5）不送触犯对方禁忌的物品；
（6）不送带有标签的礼物。

2. 把握时机

就馈赠的时机而言，及时、适宜是最重要的。我国是一个传统节日较多的国家，在传统节日相互赠送礼品，会使双方感情更为融洽。另外，在对方的某些纪念日，以礼品相送也会起到很好的效果。要把握馈赠的时机，包括时间的选择和机会的选择。中国人很讲究“雨中送伞”“雪中送炭”，即要注重送礼的时效性，只有在最需要时得到的礼物才是最珍贵、最难忘的。

小贴士

馈赠的时机

（1）节假良辰。
（2）喜庆嫁娶。
（3）探视病人。
（4）亲友远行。
（5）拜访、做客。
（6）感谢别人帮助、礼尚往来。

3. 讲究效用

一般来说，物质生活水平的高低决定了人们精神追求的层次。在物质生活水平较低时，人们多倾向于选择实用性的礼品，如食品、水果、衣料、现金等；在物质生活水平较高时，人们则倾向于选择艺术欣赏价值较高、趣味性较强和具有思想性、纪念性的物品作为礼品。因此，应根据受礼者的物质生活水平，有针对性地选择礼品。

4. 投好避忌

由于生活习惯、生活经历以及性格、爱好等的差异，不同的人对同一礼品的态度也不同，或喜爱，或忌讳，或厌恶……因此，馈赠前一定要了解受礼者的喜好，尤其是禁忌。

小贴士

馈赠的禁忌

我国人民普遍有“好事成双”的说法。凡是大贺大喜之事，所送之礼，均好双忌单，但广东人则忌讳“4”这个偶数，因为在广东话中，“4”听起来就像是“死”，是不吉利的。

白色虽有纯洁无瑕之意，但在送礼时比较忌讳，往往代表悲哀之色；同样，黑色也被视为不吉利；而红色则是喜庆、祥和、欢庆的象征，受到人们的普遍喜爱。

我国人民还讲究给老人不能送“钟”，给夫妻不能送“梨”，因为“送钟”与“送终”谐音，“梨”与“离”谐音，是不吉利的。

（二）馈赠礼节

选择一件满意的礼品，仅仅是馈赠活动的开始。如何把礼品合乎礼仪地赠送给对方，是完成整个馈赠行为不可缺少的环节。

1. 精心包装

包装既可以反映出送礼者的情趣和心意，也可以给人一种神秘感。不重视包装会导致礼品本身贬值，甚至使受礼人有被对方轻视的感觉。

在包装之前，要除去礼物上的价格标签，贴上写有自己祝词和签名的绸带或彩色卡片，以示诚意，同时还便于受礼者确认礼品的赠送人。

2. 表现大方

送礼者一般应站立、用双手把礼品送到主人的手中，并说上一些得体的话。送礼时的寒暄应与送礼的目的相吻合。得体的寒暄不仅可以表达送礼者的心意，而且可以让受礼者受之心安。中国人送礼时习惯自谦，喜欢强调自己礼品的微薄。西方人在送礼时，喜欢向受礼者介绍礼品的独特意义和价值，以表示自己对对方的重视。

（三）鲜花馈赠礼仪

随着社会的发展和进步，鲜花已逐渐成为现代人际交往中人们表情达意常见的礼物，鲜花馈赠礼仪在社会交往中也显得尤为重要。鲜花花语及馈赠对象如表 3–3 所示。

表 3–3　鲜花花语及馈赠对象

图片	种类	馈赠对象	花语
	红玫瑰	暗恋对象、恋人、伴侣	热恋、深爱、真诚的爱
	粉红玫瑰	女友、亲密好友、家人	感动、爱的宣言、铭记于心、初恋
	蓝色妖姬	恋人、伴侣	清纯的爱和敦厚善良
	白百合	女性朋友、伴侣、新婚夫妇	纯洁、纯白、优雅、高贵、庄严、心心相印
	粉百合	女性朋友、母亲或长辈	清纯、高雅

续表

图片	种类	馈赠对象	花语
	白色郁金香	女性朋友、同事、长辈	纯情、纯洁；高雅、天真
	红色郁金香	伴侣、长辈、女性朋友	爱的告白、爱的宣言、喜悦、热爱
	红色康乃馨	母亲、长辈	热烈的爱、深深的思念、感恩与尊敬
	粉色康乃馨	女性朋友、母亲、长辈	永远美丽年轻
	蓝色勿忘我	伴侣、挚友、恋人	永恒不变的爱，深情，不要忘记我，深深的思念
	睡莲	伴侣、长辈、女性朋友	纯洁、高雅、不谙世事、纤尘不染
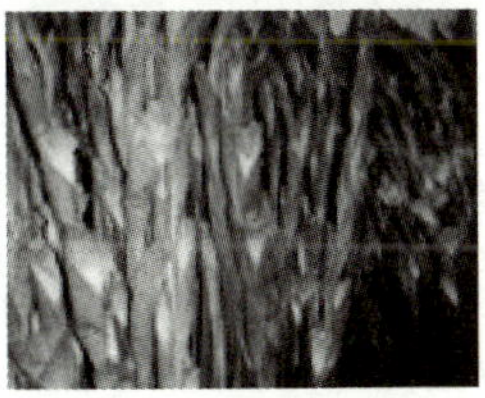	剑兰	恋人、长辈、老师、朋友	节节高升、健康长寿、正义、忠贞、牵挂、坚固

百礼齐鸣

正如某位著名的礼仪专家所说，礼物应当是“创造性”的，应是为对方所喜欢并能接受的。在馈赠礼仪中，选择礼物时应注意哪些方面？请谈谈你的看法。

任务二 恰到好处交流交谈

见微知礼

微课：恰到好处交流交谈

案例导入

《烛之武退秦师》是春秋时期文学家、史学家左丘明创作的一篇散文。此文记述的是秦晋联合攻打郑国之前开展的一场外交斗争，烛之武以一己之力，凭借对时局的洞若观火和过人的辩才，终于使郑国免于灭亡。他临危不惧的精神以及能言善辩的杰出外交才能令人赞叹。

全文的主体，也就是退秦师的关键，分四个层次：一是烛之武站在秦国的立场上说话，引起对方好感；二是说明亡郑只对晋国有利，对秦国有害无益；三是陈述保存郑国，对秦国有好处；四是从秦、晋两国的历史关系，旧事重提，触及秦穆公的恨处，说明晋国过河拆桥、忘恩负义，并分析晋国贪得无厌，后必“阙秦”。烛之武的说秦之词，具有撼人的逻辑力量，从而使秦穆公意识到晋强会危秦，于是与郑国订立了盟约。

分析：

在说理这个主题上，文章着意描绘人物语言，使辞令引人入胜。语言的分寸掌握得恰到好处。全部说辞只有短短的一百多个字，却说了多层意思，委婉曲折，面面俱到，步步深入，层层紧逼，句句动人，具有很强的说服力。

语言是双方信息沟通的桥梁，是双方思想感情交流的渠道。语言交流在人际交往中占据重要的位置。

一、称呼礼仪

称呼，即日常交往中人们彼此之间所使用的称谓语。选择正确、适当的称呼，不仅反映了自身的教养和对被称呼者尊重的程度，而且在一定程度上体现了双方之间关系的亲疏。从某种意义上讲，当一个人称呼另外一个人时，意味着自己主动地对双方关系进行定位。

（一）职场中的称呼方式

职场中的称呼礼仪如表 3–4 所示。

表 3–4 职场中的称呼礼仪

种类	适用场合	举例
职务性称呼	职场中交往以职务进行称呼，可以表明身份区别，既得体又可以显示出敬意。	一是仅称呼其职务，如“局长”“处长”“经理”等。二是在职务前加上其姓氏，如“王局长”“李处长”“张经理”等。三是称呼前加上其姓名，一般只适用于正式场合，如“王利局长”“李湛处长”“张坤经理”等。
职称性称呼	对具有职称，特别是中、高级职称者，可在职场中直接以其职称相称。	一是仅用职称称呼，如“教授”“工程师”“研究员”等。二是在职称前加上其姓氏，如“李教授”“王工程师”“张研究员”等。这种称呼常常为了简单而采用约定俗成的简称法来称呼，如将“王工程师”简称为“王工”，将“林编审”简称为“林编”等。在使用简称法时，要以不发生误会或歧义为原则。三是在职称前加上其姓名，一般在比较正规的场合才使用，如“杜威主任编辑”“马洪教授”等。
学衔性称呼	在工作中，对有学衔的人，特别是有较高学衔者，以学衔进行称呼，往往会增加学术气氛，提高被称呼者的学术权威性。	一是仅称学衔，如“博士”。二是在学衔前加上其姓氏，如“方博士”。三是在学衔前加上其姓名，如“田志强博士”。四是根据社交场合的具体需要，将学衔具体化进行称呼，如“法学博士方力”“工程硕士胡娜”等。这种称呼是最正式的。
职业性称呼	在比较正式的场合，往往习惯使用职业性的称呼，带有尊重对方职业和劳动的意思，同时也暗示了谈话与职业有关。	一是用其职业来称呼，如“师傅”“大夫”“医生”“老师”“警官”等。二是在其职业前冠之以姓，如“李师傅”“史大夫”“张医生”“刘老师”等。

续表

种类	适用场合	举例
姓名性称呼	在职场交往中，对交往对象直接称呼其姓名。	一是直呼其名，如“李丽”“王芳”。二是只呼其姓，不呼其名，并根据具体情况在其姓氏前加上“老”“大”“小”等进行称呼，如“老李”“大刘”“小张”等。

（二）一般称呼

一般称呼是面对陌生公众时最常用的称呼方式，如“小姐”“先生”“夫人”“同志”等。未婚女子统称为“小姐”，已婚女子统称为“夫人”或“太太”，如果不清楚被称呼女子的婚姻状况，可统称为“小姐”。对职业女性可统称为“女士”。

当面对一位年龄较大的女士时，不能仅凭直觉或猜测就将她称呼为“太太”。

小贴士

职场中称呼的注意事项

1. 避免使用错误称呼

在称呼他人时，要避免将对方的姓名念错，对于把握不准的字，要事先请教，不要凭自己的主观想象贸然称呼对方。对于交往对象的年龄、辈分、婚姻状况、职务等情况拿不准时，千万不要想当然地去称呼，而要摸准情况，再选择合适的称呼。

2. 称呼要与时俱进

称呼有一定的时代性，有些称呼会随时代的变化而被淘汰，也有些称呼会随时代变化应运而生。因此，称呼一定要合乎时宜，否则会闹出笑话。如现在再称呼领导为“长官”“大人”，一定会贻笑大方。

3. 避免使用低级庸俗的称呼

在职场交往中，不要将私下个人之间交往的称呼搬出来。诸如“哥们儿”“兄弟”“姐们儿”“老兄”之类的称呼，是不适合正式社交场合的。

二、交谈礼仪

交际中好口才若再加上得体的礼仪礼节，一定会带来好的人缘，进而获得事业上的成功。掌握好谈话技巧，是职场人士必备的基本功。

小贴士

说话的艺术

多说宽容的话，懂得宽容就是智者，别人做错的事，要宽容，才能有效果；少说抱怨的话，抱怨会带来妒恨。

多说尊重的话，尊重会增加了解；少说讽刺的话，讽刺会显示轻视；开自己的玩笑，不要开别人的玩笑。

多说关怀的话，关怀会获得友谊；少说拒绝的话，拒绝会形成对立，有时拒绝要有道理。

多说商量的话，商量才是领导；少说命令的话，命令只是接受，有时对方愿意接受，才可以命令。

多说鼓励的话，鼓励能发挥力量，还能得到别人的信任、别人的友谊；少说批评的话，批评会产生阻力。

（一）交谈用语

交谈时要把礼貌用语的运用作为一种职业素养。常用交谈用语如表 3–5 所示。

表 3–5　常用交谈用语

交谈用语分类	举例
自谦辞	称姓名——草字、敝姓等 称朋友——敝友等 称住处——寒舍、舍下、蓬荜等 称见解——愚见、拙见等 称年龄——虚度 ×× 载
祈使用语	请人提供方便、帮助——借光、劳驾、有劳、劳神、费心等 托人办事——拜托 麻烦或打断别人——打扰 劝告别人——奉劝 请别人不要送——请留步 请别人提意见——请指教、请赐教 请别人原谅——请包涵、请海涵
欢迎用语	欢迎顾客——欢迎光顾、敬请惠顾 欢迎客人——欢迎光临 初次见面——久仰、久仰大名

续表

交谈用语分类	举例
欢迎用语	许多时未见——久违 访问——拜访、拜望、拜见、拜谒 没有亲自迎接——失迎、有失远迎 自责不周——失敬 拜别——告辞、拜辞 送别——请留步、请回、不必远送 中途辞别——失陪
问候用语	您好、早安、午安、晚安
告别用语	再见、晚安、祝您愉快、祝您一路平安
应答用语	不必客气、没关系、这是我应该做的 非常感谢、谢谢您的好意
道歉用语	请原谅、打扰了、失礼了、实在对不起 谢谢您的提醒、对不起、请不要介意
其他用语	归还这东西——奉还 赠送东西——奉送 陪伴——奉陪 祝贺——恭贺 请对方宽容——恕……

视频：交谈礼仪找错

（二）交谈话题

社交场合或访友拜客，要先寒暄几句，如果开门见山、单刀直入，会给人唐突感。常用交谈话题如表 3–6 所示。

表 3–6　常用交谈话题

话题的类型	举例说明
轻松的话题	文艺演出、体育比赛、电影电视、休闲娱乐、旅游观光、名胜古迹、风土人情、天气状况等
高雅的话题	文学、艺术、哲学、历史、地理、建筑等

续表

话题的类型	举例说明
既定的话题	交谈双方业已约定，或者一方先期准备好的话题，如传递信息、商谈讨论等
时尚的话题	将此时此刻正在流行的事物作为谈论的中心

（三）交谈原则

1. 态度诚恳亲切

谈话时的态度是决定谈话成功与否的重要因素，因为双方在谈话时始终在相互观察对方的表情、神态，反应极为敏感，所以谈话中一定要给对方认真、和蔼、诚恳的感觉。

小贴士

交谈禁忌

在与人交谈中，不要好奇询问，也不要问及对方的残疾和需要保密的问题。在谈话内容上，一般不要涉及疾病、死亡、灾祸等不愉快的事情；不谈论荒诞离奇、耸人听闻的事情。与人交谈时，还要注意亲疏有度，“交浅”不可“言深”，这也是一种交际艺术。

2. 措辞谦逊文雅

这体现在两方面：一是对他人应多用敬语、敬辞，二是对自己应多用谦语、谦辞。内谦外敬，礼仪自行。

3. 语气语调柔和

要做到谈吐语调柔和，首先应加强个人的思想修养和性格锻炼，其次要注意遣词造句、语气语调上的一些特殊要求。

4. 谈话掌握分寸

一般来说，善意的、诚恳的、赞许的、礼貌的、谦让的话语应该说，且应该多说。恶意的、虚伪的、贬斥的、无礼的、强迫的话语不应该说，因为这样的话语只会造成冲突，破坏关系，伤害感情。有些话虽然出于好意，但措辞用语不当，方式方法不妥，也可能产生不好的效果。“六不问”（个人隐私）原则如图 3-6 所示。

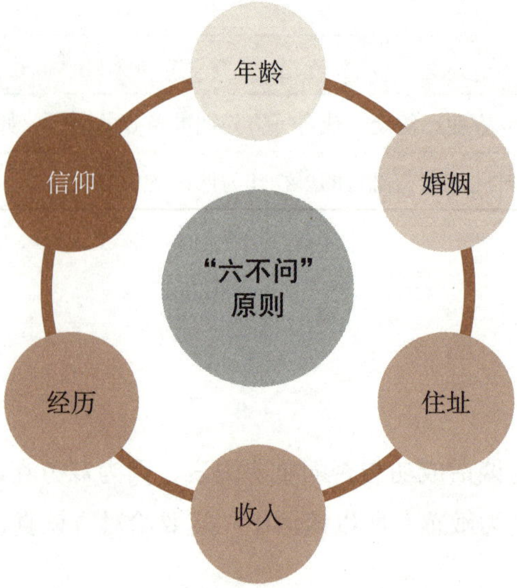

图 3–6 “六不问”（个人隐私）原则

三、聆听礼仪

“听”字的含义如图 3–7 所示。

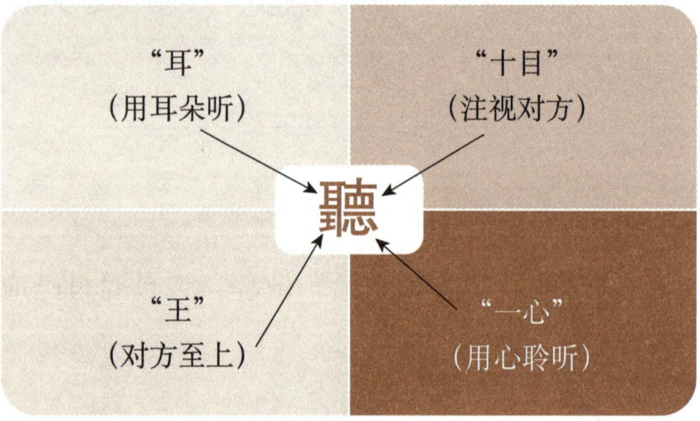

图 3–7 “听”字的含义

在聆听对方谈话时，应注意做到以下几点：

（一）要专心

要全神贯注地聆听，不要做无关的动作。在听对方说话时，应该目视对方，以示专心。要注意语言以外的表达手段。一个人想要表达的内容并不一定都在他的话语中，因此，在聆听对方谈话时，还要注意对方的声调、情调、态度以及表情、手势、动作等，以便充分了解对方的本意。同时，以有礼而专注的目光表示认真聆听，对说话者来说也是一种尊重和鼓励，可以使其感到自己谈话的重要性和必要性。

小故事

用心听

有一次，一位公主在听大师讲道的时候心不在焉，对着外面鸣叫的鸟儿发起呆来。大师见状，便问："我们听外面的鸟儿叫声，是用什么来听的？"公主说："用耳朵啊！"

大师接着问道："死人也有耳朵，为什么听不到鸟儿在叫呢？"公主说："我知道了，人是用灵魂来听的。"

大师又问道："睡着的人也有灵魂啊，为什么听不到鸟儿在叫？"公主想了半天，才终于明白了。原来，听是需要用心的。

（二）要耐心

要注意听取对方的谈话，以耐心鼓励的目光让对方说完。对方在讲话时不要轻易打断或插话，不管对方态度或谈话内容，中间插话打断、抢过话头等都是不礼貌的。插话如果违背了对方原意或插得不着边际，也明显表示出不尊重的意味。如果因未听明白或未了解情况而必须插话，应先征得对方的同意，如可用这样的方式："请等等，让我插一句。""请允许我打断一下。""请让我提个问题，好吗？"

（三）要热心

在交谈中，强调在对方谈话时目视对方、认真专心地去听，并不是说聆听者完全被动地、默默地听。聆听者在听取信息后，为使对方感到自己的确在听而非发呆，可以根据情景，或微笑，或点头，或发出"哦""嗯"的应答声，甚至可以适时插入一两点提问，例如："哦，原来是这样，那后来呢？""真的吗？"这样就能够实现谈话者与聆听者不断的交流，形成心理上的某种默契，使谈话更投机。聆听示意如图 3-8 所示。

图 3-8　聆听示意

百礼齐鸣

苏格拉底说：自然赋予我们人类一张嘴，两只耳朵，也就是让我们多听少说。请谈谈你对聆听礼仪的看法。

任务三 游刃有余赴宴用餐

见微知礼

微课：游刃有余赴宴用餐

案例导入

在餐饮行业，一场“餐桌革命”正在兴起。全国多地纷纷发布行动公约、出台举措，推广以分餐进食、公筷公勺为标志的餐桌文明。

家中用餐

专人专筷不混用，宝宝餐食勿轻尝。

在准备阶段，应事先将餐具洗净、消毒备用。

每个家庭成员应有自己的碗、筷子、勺子、水杯等餐具，并在外形或颜色上易于辨别。

在就餐阶段，一方面要践行分餐制，把做好的饭菜直接分到家庭成员的盘子或碗中。另一方面，每个人要自觉使用自己的餐具吃饭，使用公筷公勺夹盛食物。

餐馆就餐

餐馆就餐时，提倡带上自己的筷子和勺子，把餐馆的餐具作为公筷公勺使用。

若要使用餐馆的餐具，应主动要求在每个盛食物的容器中配备公筷公勺，并根据颜色、长短、形状或材质等进行区分。

公筷应放在筷架上，不应放在个人使用的碗碟上。尤其在吃火锅或必须在餐桌现场烧制菜品时，应提供“生料专用公筷”。

分餐制有两种形式。一种是每个人一双公筷、一双私筷，另一种是每份菜盘边摆上公筷或公勺。汤盆里要放上公勺，喝汤用公勺舀到自己的小汤碗里，舀汤时不要让公勺触碰到自己的碗筷，使用后立即还原公勺。

分析：

要提倡绿色环保，集中开展反对浪费的文明餐桌行动。餐桌文明推广关注点与我国围桌共餐的传统饮食习惯密不可分。如果说，拒绝浪费、节俭用餐、执行“光盘行动”，以彰显珍惜粮食、尊重劳动的传统美德，是传统餐桌文明，那么，以分餐进食、公筷公勺等为标志的餐桌文明则被视为“新餐桌文明”。

我国以礼仪之邦著称，重视饮食之道，讲究“民以食为天”，餐饮礼仪自然成为饮食文化的一个重要部分。

一、中餐礼仪

中国的餐饮礼仪始于周代，历经千百年的演进，形成今天为大众所普遍接受的行为准则。

（一）中餐席位安排

中餐宴请席位的确定是以门为依据的：正对门、离门最远的是首位，靠近门、离门最近的是末位。其他位置的席次是：离首位（主位）越近，位置越高；距离相等的右高左低［以首位（主位）的左右而定］（见图 3-9）。

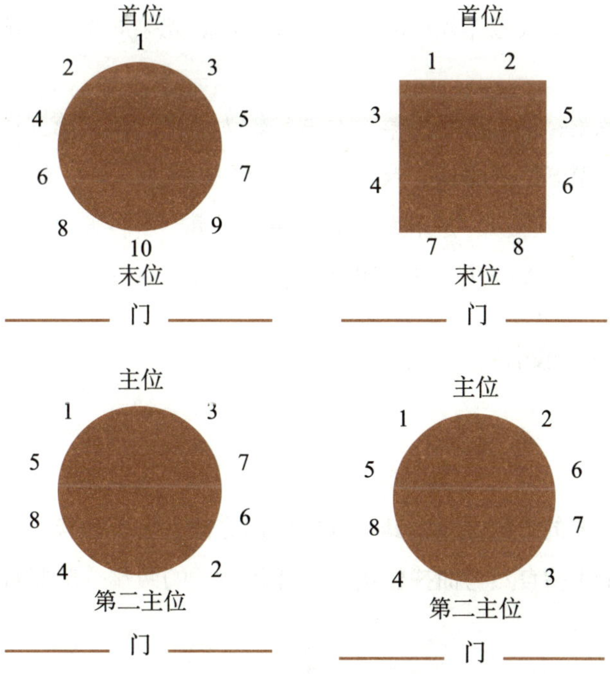

图 3-9　中餐宴请席位安排

（二）中餐点菜礼仪

点菜时，不仅要吃饱、吃好，而且必须量力而行。力求做到不超支、不乱花、不铺张浪费。既可以点套餐或包桌，这样费用固定，菜肴的档次和数量相对固定，比较省事；也可以根据个人预算在用餐现场临时点菜，这样不仅自由度较大，而且可以兼顾个人的财力和口味。

被请者在点菜时，一是告诉做东者，自己没有特殊要求，请随便点，这实际上正是对方欢迎的；或是认真点上一个既不太贵又不是大家忌口的菜，再请别人点；别人点的菜，不可挑三拣四。

小贴士

点菜的原则

点菜三规则：一看人员组成，二看菜肴组合，三看宴请的重要程度。

点菜三优：有中餐特色的菜肴，有本地特色的菜肴，有本餐馆特色的菜肴。

点菜三忌：宗教的饮食禁忌；出于健康的原因，对于某些食品，有所禁忌；有些职业，出于某种原因，在餐饮方面也有禁忌。

（三）中餐上菜顺序

在上菜顺序方面，中餐遵循先冷后热、先炒后烧、先菜后点、先咸后甜、先清淡后浓味的原则。

一般第一道是凉菜；第二道是主菜，通常是较为名贵的菜；第三道是热菜，数量相对较多；第四道是汤；第五道是甜食、点心；第六道是水果。

上菜的方式主要有三种：一是用大盘把菜端上餐桌，由各人自行取用；二是由服务人员托着菜盘逐一给每位客人分让；三是用小碟盛放，每人一份。

（四）中餐餐具的使用

1. 筷子

筷子是中餐最主要的餐具之一。其准确的使用方法是右手执筷，大拇指、食指捏住筷子的上端，另外三个手指自然弯曲扶住筷子，并且筷子的两端一定要对齐。

小贴士

筷子的使用禁忌

忌用筷子指人；

忌用筷子敲击盘碗；

忌将筷子颠倒过来使用；

忌用筷子在菜盘里翻来覆去地寻找喜欢的食物；

忌吮吸筷子并发出声音；

忌夹菜时将菜汤滴落到其他菜里或桌上；

忌将筷子插在饭菜上；

忌用筷子当叉子。

此外，同一道菜，连续取用多次，够不着的菜，伸长了筷子去取，和别人同时夹菜，使筷子撞在一起，拿筷子当牙签等，都是应当禁止的不文明的用餐行为。

2. 勺子

一般而言，除了汤类食物，尽量不要单独用勺子取用其他食物，否则容易给人留下贪婪的感觉。在取用一些细小颗粒状食物时，可将筷子和勺子配合使用。与筷子夹菜一样，用勺子取用食物时，不要将汤汁滴落到其他菜肴和餐桌上。用餐期间，如果勺子内没有食物，应将其放置在自己面前的骨碟中；如果舀取食物后暂时不食用，可将其放在骨碟中或放入碗中，稍后再食用。

3. 碗

在中餐中，碗是用来盛放主食和汤羹的。在食用碗内盛放的食物时，不可把碗端起来将食物直接倒入口中，也不可用嘴凑上去吸食，而应以筷子、勺子之类的餐具加以辅助。即使碗内食物已食用完毕，也不可在碗内放置杂物或垃圾，更不要把碗倒扣放置。有时，汤是单独由带盖的汤盅盛放的，如果汤已经喝完，可将汤勺取出来放在垫盘上，把盅盖反转后平放在汤盅上，这样就等于给服务人员发出可以收走餐具的暗示了。

4. 骨碟

骨碟的主要作用有两个。一是用来放置从公用的菜盘中取来食用的菜肴。取用食物时要注意每次取用的数量、种类不宜过多，否则多种食物混杂在一起，既影响食物的口味，也影响自己在他人眼中的形象。二是用来放置食物残渣、骨头和鱼刺等不宜下咽的食物。在放置这类食物时，不可直接从嘴里吐到骨碟上，而要用筷子夹住，再轻轻放在骨碟前端。通常，当骨碟中的垃圾堆满后，服务人员会主动上前更换。中餐餐具如图 3-10 所示。

图 3-10　中餐餐具

二、西餐礼仪

西餐是我国对欧美地区菜肴的统称。要想在西餐用餐过程中体现出优雅气质与个人修养，就必须对西餐礼仪有较为深入的了解。

（一）西餐席位安排

西餐席位安排的总原则是：男女穿插安排、以女主人为准，男主宾在女主人的右方，女主宾在男主人的右方。图 3-11 是几种西餐的座位安排方式：

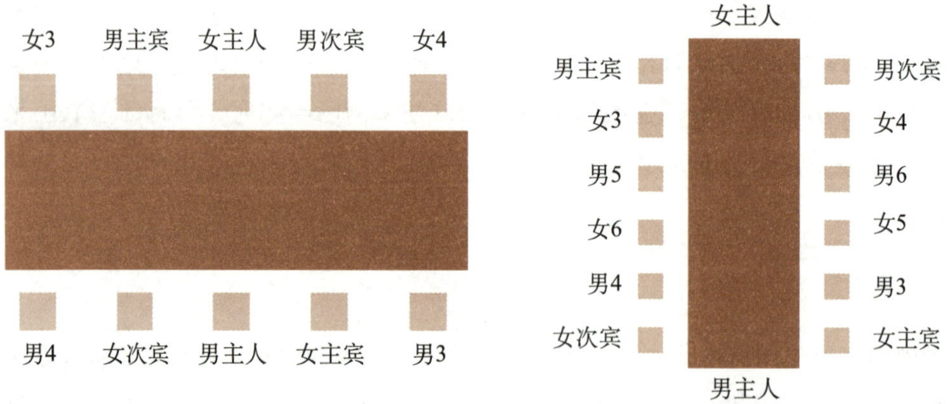

图 3-11　西餐宴请席位安排

（二）西餐上菜顺序

西餐可分为“欧美式”和“俄式”。“欧美式”又可细分为英国菜、法国菜、美国菜、意大利菜以及德国菜等。各种菜系自成一体，风味各异，但其上菜的顺序基本是相同的（见图 3-12）。

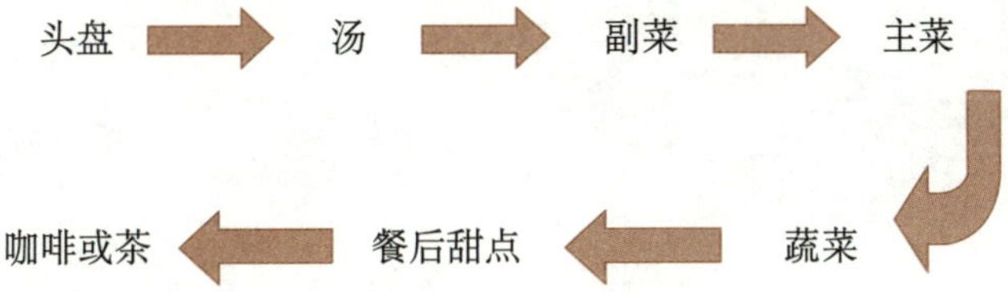

图 3-12　西餐上菜顺序

1. 头盘

头盘又称开胃菜，其作用主要是增进食欲，口味以酸咸为主，数量较少，一般安排一道菜。传统的头盘通常是冷菜，现在以热菜作为头盘也很普遍。常见的头盘有鱼子酱、生菜大虾、法式焗蜗牛、烟熏鲑鱼等（见图 3-13）。

鱼子酱　　法式焗蜗牛　　烟熏鲑鱼

图 3-13　头盘

2. 汤

西餐的汤有清汤、蔬菜汤、奶油汤和冷汤等类型。常见的汤有海鲜汤、罗宋汤、蔬菜汤、奶油蘑菇浓汤等（见图 3-14）。

罗宋汤　　蔬菜汤　　奶油蘑菇浓汤

图 3-14　汤

3. 副菜

西餐中的第三道菜称为副菜，副菜通常选用较易消化的鱼类菜肴。如奶油汁炸鱼、纸包鲳鲹鱼、波士顿焗龙虾等都是副菜的上选品种（见图 3–15）。

奶油汁炸鱼

波士顿焗龙虾

图 3–15　副菜

4. 主菜

主菜主要是指肉类、禽类菜肴。如沙朗牛排、菲力牛排、惠灵顿牛肉、咖喱鸡、橙子鸭等都是常见的品种（见图 3–16）。

菲力牛排

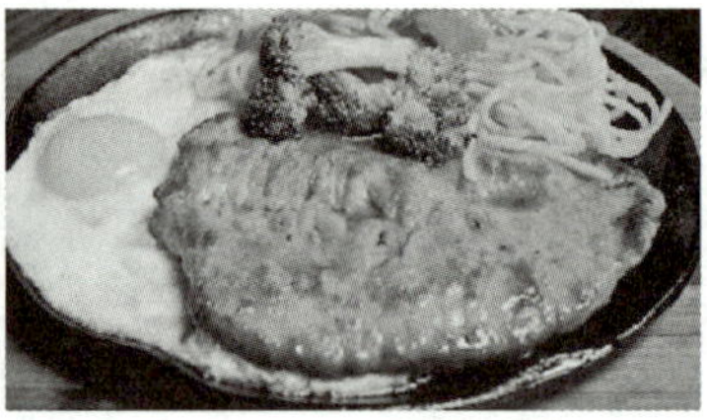

沙朗牛排

图 3–16　主菜

5. 蔬菜

蔬菜类菜肴可以安排在主菜之后，也可以和主菜同时上桌，可以算作一道菜，或称为一种配菜。西餐中的蔬菜既可以是煮熟的，也可以是生食的。煮熟的蔬菜如花椰菜、煮菠菜、炸土豆等，生食的蔬菜一般是指用生菜、西红柿、黄瓜等制成的沙拉。

6. 餐后甜点

甜点是指布丁、冰激凌、奶酪和水果等甜味食物，如苹果馅饼、姜味奶油冻、姜汁蛋奶糕、酸奶酪、圣代等都是常见品种。

7. 咖啡或茶

咖啡或茶，是西餐从高潮到结束的一个自然过渡。一杯咖啡或茶，既可以解除油腻，也可以为宾主双方餐后的交流、谈心创造一个轻松的环境。

（三）西餐用餐礼仪

1. 入座

入座时讲究女士优先的原则。一般餐厅服务员会协助女士就座，男士需等待女士入座后再自行就座。如果没有服务员，男士应先协助女士入座，然后自行就座。在正式场合，入座或离座时，都应从座椅左侧走。

2. 餐巾的使用

西餐宴会的正式开始是以女主人打开餐巾为标志的，如果没有女主人，则以男主人打开餐巾为标志。在主人打开餐巾后，宾客可依次打开餐巾。如果是正规的宴会，男士也需等女士放好餐巾后，再放自己的餐巾。餐巾打开后，平铺在双腿上。如果餐巾很大，可对折后再放在双腿上。餐巾使用示意如图 3–17 所示。

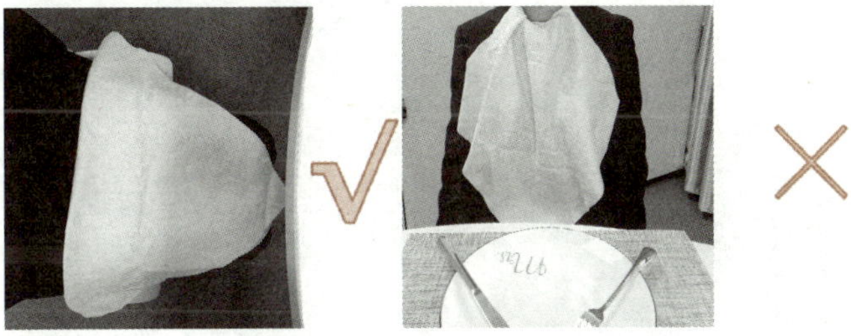

图 3–17　餐巾使用示意

用餐过程中，可用餐巾擦嘴或擦手，切记擦拭后如在餐巾上留下污渍，需将有污渍的一面折到里面，使餐巾外表保持清洁。如果中途暂时离开座位，需将餐巾折叠后放在椅子上。不可将餐巾放在桌上，以免餐巾上的污渍暴露在同桌人的眼前。用餐完毕、离开饭桌时，才能将餐巾放回桌面上。中途离席餐巾摆放如图 3–18 所示，用餐结束餐巾摆放如图 3–19 所示。

图 3–18　中途离席餐巾摆放

图 3–19　用餐结束餐巾摆放

3. 餐具的选用

西餐对餐具的选用极为讲究，每一道菜都有不同的盘子、刀叉、勺子、杯子。一次宴会，每位宾客所使用的餐具大约有二十件。西餐餐具（见图 3–20）一般在开餐前已在桌上摆放好了，餐盘在每个人的正前方，刀叉的数目与上菜的道数是相等的，并按照上菜的顺序由外向内排列。当菜肴送上来后，首先确定应该使用刀叉，还是只用叉或勺子。每一道菜肴用完之后，服务员会撤下用过的刀叉或勺子。以此类推，每次使用最外侧的刀叉或勺子，当所有的菜肴都用完后，餐桌上也不应再留有任何刀叉或勺子。

图 3–20　西餐餐具摆放示意

4. 刀叉的使用

刀叉的使用是西餐礼仪中最基本的一种技能。刀叉可以互相配合使用，也可以单独使用叉。刀叉互相配合使用时，通常右手持刀，左手持叉。右手拇指抵住刀的一侧，食指按在刀柄背上，其余三指自然弯曲抵住刀的另一侧。左手握叉姿势与握刀相似，叉齿向下，按住食物。在使用刀叉时，不能在一开始就将盘里的食物都切成小块后再食用，需切一次，吃一次。与他人交谈时，可以不放下刀、叉。但不可拿着刀叉在空中比画，也不能将刀叉竖起来拿着。刀叉使用示意如图 3–21 所示。

刀叉拿法　　先歇会（还没吃完，别收走）　　吃完了，可以收拾

坐等第二份　　好评　　差评

图 3-21　刀叉使用示意

5. 酒杯的使用

餐桌上的高脚玻璃杯有白兰地酒杯、烈性酒杯、红白葡萄酒杯、红葡萄酒杯和香槟酒杯（见图 3-22）。服务员会在进餐过程中把不同的酒倒入不同的玻璃杯中，因而无须担心会拿错酒杯。拿高脚酒杯时，特别是饮用的是冰镇白葡萄酒时，需用手指捏着杯脚，以免手的温度传给杯中的酒。喝酒时要将杯子移到嘴边，而不应将嘴伸向酒杯。

白兰地酒杯　　香槟酒杯　　烈性酒杯　　红白葡萄酒杯

图 3-22　各种酒杯

6. 面包的吃法

取用面包应该用手，而不是用叉。已切好的面包，可直接取用；未切好的面包，可用公用餐刀切取或用手掰取。拿好面包后，放在自己的面包碟上。食用时，将面包碟上的面

包掰下一小块，用刀抹上黄油，再放入嘴中，忌将整块面包都涂上黄油，以免再次掰面包时将黄油粘到手上。

7. 汤的喝法

汤的食用主要依靠勺子。舀汤的方向是从桌边向桌中心方向，以避免汤汁溅到身上。用盘子装盛的汤，等即将喝完时，可以用左手稍将盘子边提起，右手将盘中的汤舀起（见图 3-23）。汤太烫时，不能用嘴吹，可用勺子搅动使之冷却。如汤是用杯子来装盛的，则不可用汤匙舀来喝，而应把勺子放在杯托里，端起杯子直接喝。

图 3-23　汤的喝法示意

8. 沙拉的吃法

沙拉的食用只可用叉子。右手拿叉，叉齿朝上。如果蔬菜太大，无法一口食用，可用叉子的侧面切下大小合适的蔬菜，再用叉子送入口中。

9. 甜品的吃法

甜品的食用既可使用叉子，也可使用勺子。如糕点的食用应选用叉子，而冰激凌的食用应选用勺子。吃苹果、梨等，不要整个咬着吃，应先切成小瓣，然后削去皮、核，用手拿着吃。吃香蕉时，剥皮后用刀切成小块，用叉取食。橙子可用刀切成四瓣后剥皮吃，西瓜、菠萝等可去皮切块，用叉取食。

10. 洗手钵的使用

洗手钵的作用是清洗手指，而不是整只手，因此不可把整只手都浸到水中，也不可把两只手同时浸到水中。正确的做法是，先左手后右手，依次将手指浸入洗手钵中，洗过的手指应用餐巾擦拭干净（见图 3-24）。

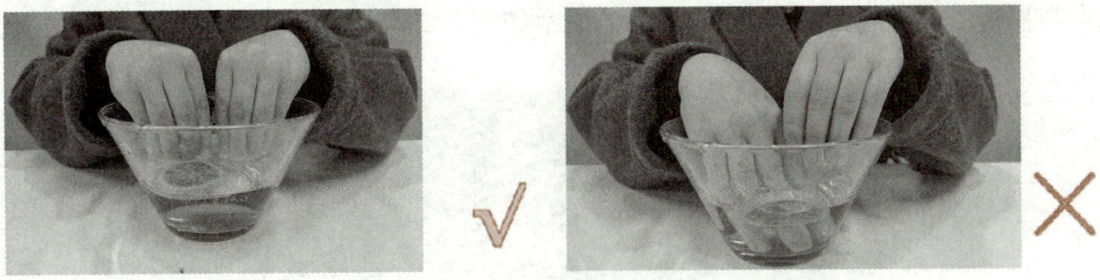

图 3-24　洗手钵的使用

11. 离席

用餐完毕后，客人应等女主人从座位上站起后，再一起随着离席。在进餐中或宴会结束前离席都不礼貌。起立后，男宾应帮助女宾把椅子归位。

三、饮品礼仪

饮品是指能够满足人体机能正常需要，可以直接饮用，或以溶解、稀释的方式饮用的食品，如茶、咖啡、酒。

视频：茶艺展示

（一）饮茶礼仪

“以茶待客”历来是中国最普及、最具平民性的日常生活礼仪之一。客来宾至，清茶一杯，可以表敬意、洗风尘、叙友情。

1. 座次礼仪

茶道讲究的是“主随客便”，但是从礼仪文化上讲，喝茶也要遵循座次礼仪的原则。面对主人（或者泡茶的人），主人左手边是“尊位”。尊位的顺序为：老年人、领导、女士。如果年龄相差不大，女士优先坐尊位。从主人左手方向顺时针旋转，由尊到卑，直到主人的右手边，不论怎样的茶桌，都应该遵循这个原则。座位方面还有一个特别的规定：忌讳对头坐，就是头对头和主人面对面地坐。哪怕就只有你和主人两个人，也不要坐对头。知礼的客人应该坐主人右边的卑位，如果人多实在避免不了坐对头的情况，可由小孩子来坐这个位置。

2. 敬茶礼仪

（1）敬茶要有礼貌，一定要洗净茶具，切忌用手抓茶，茶汤上不能漂浮泡沫和焦黑黄绿的茶末或粗枝大叶横于杯中。茶杯无论有无柄，端茶时一定要在下面加托盘。敬茶时温文尔雅、笑容可掬、和蔼可亲，双手托盘至客人面前，躬腰低声说“请用茶”。客人即应起立说“谢谢”，并用双手接过茶托。茶艺展示如图 3–25 所示。

图 3–25　茶艺展示

（2）我国有“浅茶满酒”的讲究，一般倒茶或冲茶至茶具的 2/3 到 3/4 左右，如果冲满茶杯，不仅烫嘴，还有逐客之意。

（3）泡茶水温也要因茶而异，乌龙茶需用沸水冲泡，并用沸水预先烫杯；其他茶叶冲泡水温为 80℃～90℃，细嫩的茶沫冲泡水温还可再低点。

（4）同时有两位以上的访客时，端出的茶色要均匀，并要配合茶盘端出。左手捧着茶盘底部，右手扶着茶盘的边缘，茶杯应摆在客人右前方。

（5）上茶时应向在座的人说“对不起”，再以右手端茶，面带微笑，眼睛注视对方，并说：“这是您的茶，请慢用！”

（6）敬茶时应依职位的高低顺序，先端给职位高的客人，再依职位高低依次端给自己公司的同事。

（7）主人陪伴客人饮茶时，当客人已喝去半杯茶时即添加开水，使茶汤浓度、温度前后尽量一致。

（8）待客人散去后，方可收茶。

3. 让茶礼仪

在以茶待客的过程中，为了表现对客人的尊重，主人要为客人不时斟茶、续水，这种做法也是有寓意的，表示“慢慢喝，慢慢叙”。我国古代讲究以茶待客不过三杯，第一杯叫敬客茶，第二杯叫续水茶，第三杯叫送客茶，因此不论是喝盖碗茶还是工夫茶，让茶应该尽量随意自然。如果一而再，再而三地劝饮，就有暗示“应该走了”之意。

4. 客人回礼

（1）伸掌礼。伸掌礼是品茶中使用频率很高的礼仪，是主客双方都要使用的礼仪。伸掌是表示“请”与“谢谢”。两人对坐时均伸右掌行礼对答。两人并坐时，右侧一方伸右掌行礼，左侧一方伸左掌行礼。伸掌姿势是将手斜伸在茶杯旁边，四指自然并拢，虎口稍分开，手掌略向内凹，手腕要含蓄用力，不至显得随便。伸掌礼如图 3–26 所示。

图 3–26　伸掌礼

（2）叩指礼。喝茶过程中，客人最重要的回礼礼节是叩指礼，又叫屈指跪。早先的叩指礼是比较讲究的，必须屈腕握空拳，叩指关节；随着时间的推移，逐渐演变为将手弯曲，用食指、中指或者食指单指叩几下，轻叩桌面，以示谢忱。茶间有三种叩指礼：

1）晚辈向长辈：五指并拢成拳，拳心向下，五个手指同时敲击桌面，相当于五体投地跪拜礼。一般敲三下即可。

2）平辈之间：食指和中指并拢，敲击桌面，相当于双手抱拳作揖。敲三下表示尊重。

3）长辈向晚辈：食指或中指敲击桌面，相当于点下头即可。如特别欣赏晚辈，可敲三下。叩指礼如图 3–27 所示。

晚辈向长辈叩指礼　　平辈之间叩指礼　　长辈向晚辈叩指礼

图 3–27　叩指礼

小故事

叩指礼的来源

相传乾隆微服南巡时，到一家茶楼喝茶，当地知府知道了这一情况，也微服前往茶楼护驾，怕万一出事，自己担待不起。到了茶楼，知府就在皇帝对面末座的位子上坐下。皇帝心知肚明，也不去揭穿，久闻大名、相见恨晚地装模作样寒暄一番。皇帝是主，免不得提起茶壶给这位知府倒茶，知府诚惶诚恐，但也不好当即跪在地上来个谢主隆恩，于是灵机一动，弯起食指、中指和无名指，在桌面上轻叩三下，权当行了三跪九叩的大礼。于是这一习俗就这么流传下来。

（二）咖啡礼仪

咖啡除了有饮料自身的功能，还可用以促进人与人之间的交际，展现个人的教养和素质。

1. 咖啡杯的拿法

咖啡杯的正确拿法，应是拇指和食指捏住杯耳将杯子端起，不要将手指穿过杯耳端杯子。咖啡杯应放在自己的面前或右侧，杯耳指向右方。喝咖啡时，右手拿着咖啡杯耳，左手轻轻托着咖啡碟，慢慢地移向嘴边轻啜，不可发出响声，不要满把握杯、大口吞咽，或俯首去吸咖啡。若遇到一些不方便的情况，例如：坐在远离桌子的沙发上，不便双手端着咖啡饮用时，可左手将咖啡碟置于齐胸的位置，右手端着咖啡杯饮用。饮毕，应将咖啡杯置于咖啡碟中，不可将二者分别放置（见图 3–28）。添加咖啡时，不要把咖啡杯从咖啡碟中拿起来。

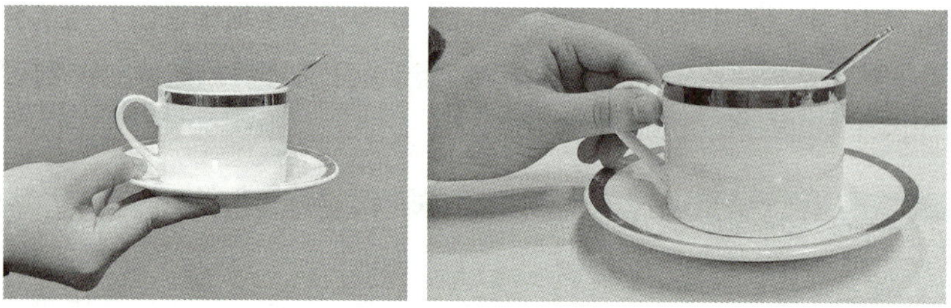

图 3–28　咖啡杯的拿法

2. 给咖啡加糖

给咖啡加糖要轻。给咖啡加糖，有两种情况：一种是加砂糖，可用咖啡匙舀取，直接加入杯内，同时，为避免咖啡溅出，添加时位置应尽量低；另一种是加方糖，可先用糖夹子把方糖夹在咖啡碟的近身一侧，再用咖啡匙把方糖加在杯子里（见图 3–29）。如果用糖夹子或手把方糖放入杯中，可能会使咖啡溅出，弄脏衣服或台布。

3. 咖啡匙的用法

刚刚煮好的咖啡太烫，可以用咖啡匙在杯中轻轻搅拌使之冷却，或者等待其自然冷却后再饮用。不要用嘴试图去把咖啡吹凉。咖啡匙是专门用来搅拌咖啡的，搅过的咖啡匙，上面都会沾有咖啡，应轻轻顺着杯子的内缘将汁液擦掉，不能拿起咖啡匙甩动，或用舌头舔咖啡匙。用过的匙最好放在托盘的内侧，以免端起咖啡杯时碰落。不要用咖啡匙舀着咖啡一匙一匙地喝，也不要用咖啡匙来捣碎杯中的方糖。标准的搅拌手法是将咖啡匙立于咖啡杯中央，先顺时针由内向外画圈，到杯壁再由外向内逆时针画圈至中央，然后重复同样的手法，这种方法可以让咖啡浓淡均匀（见图 3–30）。

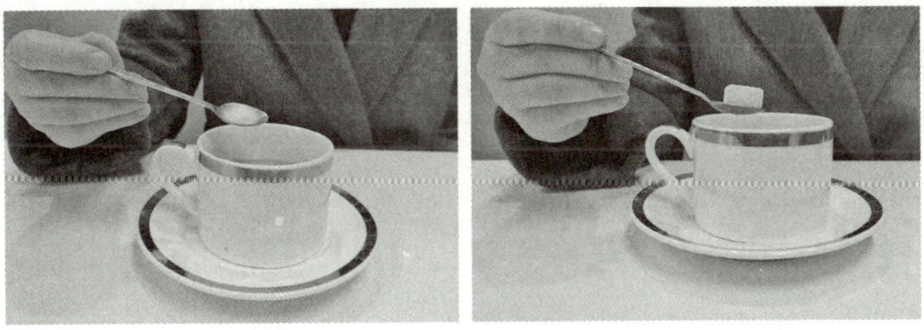

图 3–29　给咖啡加糖

图 3–30　咖啡匙的用法

4. 喝咖啡与吃点心

喝咖啡时可以吃一些点心，但不要一手端着咖啡杯，一手拿着点心，吃一口喝一口地交替进行。喝咖啡时应放下点心，吃点心时则放下咖啡杯。

（三）饮酒礼仪

用酒来表达对宾客的欢迎或谢意，不仅是我国人民的传统风俗习惯，也是世界各族人民增进友谊的一种方式。

酒杯的拿法如图 3–31 所示。

图 3–31　酒杯的拿法

1. 用酒礼仪

主人在为客人斟酒时，常说“满上满上”，这个“满”不是指满到杯口几乎溢出来，而是指斟满八成就行了。

主人斟酒时，客人可行叩指礼，表示感谢主人斟酒。

在酒席上还常常有“无三不成礼”的说法，意思是一轮喝酒高潮必须是三杯以上。所谓“酒过三巡”也是这个意思。

在西餐里，祝酒干杯只能用香槟酒，并且不能越过身边的人和其他人祝酒干杯。西餐讲究“白肉配白酒，红肉配红酒”。白葡萄酒适合开胃菜或者虾、螃蟹、贝类、鱼、鸡肉等菜。红葡萄酒适合牛排、羊排、猪排等菜。喝汤的时候可以喝雪利酒。上最后一道菜或甜品时可以饮用香槟酒。

2. 敬酒礼仪

干杯前，可以象征性地和对方碰一下酒杯。碰杯的时候，应该让自己的酒杯低于对方的酒杯，表示对对方的尊敬。当你离对方比较远时，用酒杯杯底轻碰桌面，也可以表示和对方碰杯。

如果主人亲自敬酒干杯，要回敬主人，和他再干一杯。一般情况下，敬酒应以年龄大小、职位高低、宾主身份为先后顺序，一定要充分考虑好敬酒的顺序，分清主次。

如果因为生活习惯或健康等原因不适合饮酒，也可以委托亲友、部下、晚辈代喝或者以饮料、茶水代替。

视频：餐饮服务礼仪

视频：口布折叠法

百礼齐鸣

有人说，没有什么事情是一顿饭所解决不了的，如果有，那就是两顿饭。虽是笑谈，但也说明吃饭在人际关系中的重要作用。请举例说明用餐时哪些细节可以提升你的形象。

项目实施

项目分解	活动安排	任务内容	项目成果
企业调研	集体活动，校内教师安排	通过电话、邮件等方式，采访书香服务股份有限公司行政部和人力资源部，了解本次骨干人员赴深圳考察的行程安排和重要事宜。	行程安排表
工作手册	分组活动，校企教师共同指导	根据此次考察学习的目的和行程，制定培训学习工作手册，含见面交际、交谈交流、赴宴用餐等方面的礼仪规范和注意事项。	考察学习工作手册
情境展示	分组策划，校内教师指导	创设骨干人员考察学习过程中的相关场景，角色代入、情境模拟，注意交际规范和细节，体现训练有素的职业化团队的形象和魅力。	现场展示、视频展示（可选）

项目评价

考核项目	考核内容	分值	自评（20%）	小组（40%）	教师（40%）	得分
企业调研	准备充分，目标明确，深入分析，结果客观	20				
工作手册	内容全面，重点突出，实用性强，简洁明了	20				
情境展示	情境合理，表现大方，礼仪规范准确到位	30				
工作态度	参与度、积极性	10				
团队合作	分工与合作情况	10				
创新创意	原创性、新颖性	10				
					总　分	

项目拓展

一、知书达礼

1. 单选题

（1）在人际交往中，使用称呼时应该注意（　　）。

A. 就低不就高　　B. 就高不就低　　C. 亲切为主　　D. 以上选项均不正确

（2）使用名片时，下列哪项是不正确的？（　　）

A. 下级先递给上级，晚辈先递给长辈，男士先递给女士

B. 用双手拇指和食指执名片两角，或用右手拿着上角递到对方手上

C. 收放在钱包或名片包里

D. 双手或右手接过，认真默读一遍

（3）在这个与人交流频繁的年代里，互相称呼是时常发生的。下列哪项称呼不应该在工作中出现？（　　）

A. 职称性称呼　　B. 近亲称呼　　C. 学衔性称呼　　D. 职务性称呼

（4）下列不属于谦称词汇的是（　　）。

A. 鄙人　　B. 家父　　C. 舍弟　　D. 令尊

（5）以下关于言谈礼仪的说法错误的是（　　）。

A. 认真聆听对方的谈话，适时发问

B. 与人交谈时少讲自己

C. 拟好了话题后不要轻易改变，要让对方顺着你的思路走

D. 设法让在座的每一位都有机会参与谈话

（6）对于刀叉的使用，正确的是（　　）。

A. 右手持刀，左手持叉　　B. 刀叉与餐具摩擦发出声音

C. 用刀叉相互敲击　　D. 右手持叉，左手持刀

（7）吃鱼或海鲜时，喝（　　）。

A. 鸡尾酒　　B. 白葡萄酒　　C. 红葡萄酒　　D. 白兰地

（8）餐中离座，应该将餐巾（　　）。

A. 放在餐桌上　　B. 放在椅子上　　C. 放在盘子上　　D. 随身带

（9）在西餐厅用餐时，刀叉不小心掉在地上，应该怎样做？（　　）

A. 弯下腰去捡　　B. 轻唤服务生前来处理并更换新的餐具

C. 不管它，用餐结束再说　　D. 捡起来擦干净

（10）吃西餐使用餐巾时，不可以用餐巾来（　　）。

A. 擦嘴角的油渍　B. 擦手上的油渍　C. 擦拭餐具　　D. 擦拭口红

2. 多选题

（1）为他人介绍时必须遵守“尊者优先知情”规则。以下关于介绍的做法，正确的是（　　）。

A. 应把职务低者介绍给职务高者

B. 应把年轻者介绍给年长者

C. 如果双方年龄、职务相当，应把男士介绍给女士

D. 应把家人介绍给同事、朋友，把未婚者介绍给已婚者

E. 应把聚会的后到者介绍给先到者

（2）行握手礼时，以下说法正确的是（　　）。

A. 男士不能戴手套　　B. 不能跨着门槛握手

C. 多人握手时，可以交叉　　D. 先摘掉帽子、手套、墨镜

（3）在日常工作交往中，经常要与人握手。下列关于握手的相关礼仪，说法正确的有（　　）。

A. 与人握手，神态要专注、热情、友好、自然

B. 握手时间越长越好

C. 下级要等上级先伸手

D. 男士要主动与女士握手

（4）中餐餐桌礼仪包括（　　）。

A. 让菜不夹菜　　B. 祝酒和劝酒

C. 不在餐桌上整理服饰　　D. 就餐时不发出声响

（5）西餐宴会座位安排应遵循的原则是（　　）。

A. 以近为尊　　B. 各桌各向　　C. 以右为尊　　D. 男女交叉

二、躬行践礼

1. 以“塑专业形象、展职业风采”为主题，选拔班级或专业形象大使，在招生或招新等活动中展现个人社交魅力。

2. “文明礼仪，你我同行”。和谐、融洽、友善的校园氛围离不开文明礼仪的指引，请从师生交往礼仪、生生交往礼仪等方面，制作并拍摄校园交际礼仪宣传视频，共同打造文明校园。

视频：交际礼仪

三、品礼鉴仪

礼尚往来，中国人的交际礼仪

中国人向来重视“关系”，这种关系既包括血缘、地缘、情缘等基本伦理关系，也包

括契约关系、政治关系等。如何更好地处理这些关系，成为古往今来人们非常关注的问题之一。

1. 伦理本位，礼乐生活：中国人的生活样态

中国文化是礼乐文化形态，所以中国人的生活样态也就具有了鲜明的礼乐特色。这种礼乐生活，不仅体现在家庭与社会生活之中，也渗透在政治生活之中。中国人的礼乐生活，说到底是一种伦理生活。

在中国，每个人生来就处于一种人伦关系之中。中国古代的伦理关系，主要包括父子、夫妇、兄弟、君臣和朋友五种，是谓五伦。儒家主张，人们处于五伦之中，有不同的伦理角色，负有不同的责任和义务。除了这些基本的伦理关系，还涉及宗族亲戚、邻里乡党、师友同学、长官下属、商业伙伴等。儒家主张要用礼（礼仪、礼俗）来协调这些伦理关系。

2. 礼尚往来，自卑尊人：中国人的交往准则

这种"礼尚往来"的原则主要是在身份相同或相近的主宾之间实行的。古代五礼（吉、凶、军、宾、嘉）之中的宾礼，主要是就贵族之间的交往而言的，包括朝、聘、盟、会、同、遇、覲、问、视、誓、锡命等。这些天子、诸侯、卿大夫之间的礼仪非常烦琐，且具有政治意义，属外交活动，如果失礼往往有损自身乃至本国形象。

民间日常生活中也格外重视宾客之礼。《仪礼》有《士相见礼》一篇专门讲述入仕之士初次去见职位相近之士的礼节，以及贵族之间交往的礼仪。在《仪礼》中，涉及宴饮的有《乡饮酒礼》《燕礼》《公食大夫礼》等篇。随着时代变迁，这些宴饮礼日益化为民俗。不管是王室、贵族间的宴饮，还是民间、百姓的聚会，都不仅是为满足口腹之欲，还有更深层的目的，即通过宴饮这一社交方式来沟通和联络感情，增进友谊，提升道德情感。

四、推荐阅读

《东方情商：中国古代交际艺术》

作者　黄玉峰　周唯信

这本书按交际目的、形式的不同，分为十一篇：自荐、说服、批评、拒绝、劝勉、安慰、感谢、应酬、自辩、指示、其他，分别从不同角度介绍古人的交际方式和心态，并对这些成功的范例进行通俗的讲解。与众不同的是，背景交代、注释和译文之后，书中又设了两个栏目："交际与表达""交际与做人"。在这两个栏目中，作者针对某事件的成功或受挫，进行了交际层面和人格层面的探寻，并将对人情世故的理解渗透其中。

项目四

有礼有节进行通联交际

动画导课：通联有方，雅言书礼——如何有效地进行通联交际

知礼学仪

人际交往中的“黄金法则”是指你希望别人怎样对待你，你就先怎样对待别人。这个法则强调了待人以诚的重要性，它不仅是人际交往的基本原则，也是被普遍接受的处世哲学。人际交往中的“白金法则”是指别人希望你怎么对待他们，你就怎么对待他们。这个法则强调了从他人的需求出发，调整自己的行为，以智慧和技巧使他人感到舒适和愉快。

学习目标

◎ 知识目标

掌握电话、手机、微信、电子邮件等通信礼仪规范；

掌握互联网交流的礼仪规范。

◎ 技能目标

能够合理、准确、高效地使用电话、手机、微信、电子邮件等通信工具；

能够自觉维护网络秩序，建立文明、健康、安全的网络环境。

◎ 素养目标

在信息化时代，提升使用网络、通信工具时个人的职业素质和综合修养。

思维导图

- 有礼有节进行通联交际
  - 有效维护通信形象
    - 电话礼仪
      - 打电话的礼仪
        - 时间适宜
        - 事先准备
        - 注意礼节
      - 接电话的礼仪
        - 及时接听、应对谦和
        - 聚精会神、积极反馈
        - 热情代转、做好记录
    - 手机礼仪
      - 注意场合
      - 注意安全
      - 文明携带
      - 铃声选择
      - 尊重隐私
    - 微信礼仪
      - 添加礼仪
        - 自报家门
        - 不要多次添加
        - 不乱推名片
      - 聊天礼仪
        - 少发语音信息
        - 合并同类项
        - 重点事情打电话
        - 未经许可不发聊天截图
        - 未经证实的信息不转发
        - 少私发拉票、求赞的信息
      - 朋友圈发布
        - 少发负能量信息
        - 转发尽量带评论
        - 互动点赞要看清
    - 电子邮件礼仪
      - 标题要清晰
      - 主题要明确
      - 语言要流畅
      - 内容要简洁
      - 格式要规范
      - 发送需讲究
      - 接收要回复
  - 自觉约束网络言行
    - 公私分明
    - 入乡随俗
    - 确保安全
      - 严守机密
      - 防范“黑客”
    - 文明交流
      - 文明用语
      - 尊重交往对象
      - 不随意传播
      - 诚实守信
      - 遵守个人道德规范

项目描述

为进一步加强网络文明建设，提升企业职工文明上网、安全上网意识，市委网信办、网络文明促进会工作人员深入书香服务股份有限公司，开展“网络文明E‘企’同行”网络文明进企业宣传活动。

活动现场，工作人员通过发放宣传资料、面对面讲解等形式向书香服务股份有限公司的员工推广普及网络安全知识，讲解如何识别网络谣言、如何抵制网络暴力等相关内容，引导企业员工认真履行社会责任，广泛传播健康网络文化，共建共享网上美好精神家园。活动最后，全体员工在《文明上网倡议书》上庄重签名。

在当下“机不离手”的网络时代，网络通信社交也占到越来越大的比重。为巩固和深化网络文明建设成果，书香服务股份有限公司决定通过开展“屏幕礼仪谨记于心”系列活动，引导员工在使用互联网进行日常通信时，注重通信礼仪，规范自己的言行举止，做文明有礼的书香人。

任务清单

通联有方，雅言书礼——有效维护通信形象

文明上网，约之以礼——自觉约束网络言行

任务一　有效维护通信形象

见微知礼

微课：有效维护通信形象

案例导入

办公室电话响了好长时间，小丁正在赶一份报告书。他皱了一下眉头，显得很不耐烦，极不情愿地拿起电话，一边继续操作电脑，一边用脖子夹着电话机，说：“喂，找谁？”对方回道：“请问朱元在吗？”

小丁答道：“什么事？”对方回答：“昨天他给我发的合同草案有点问题，我要跟他商议一下。”

小丁答道：“哦，他不在，出去了。”对方回道：“请问他什么时候能回来？”

小丁冷冷地笑了一声，说：“我怎么知道呢？”对方又问：“你能告诉我他的手机号码吗？”

“对不起，手机号不方便留给你。”小丁说完便把电话挂了，埋头继续工作。

分析：

听到电话铃声，应准确迅速地拿起听筒，最好在三声之内接听。上班时间打来的电话几乎都与工作有关，公司的每个电话都十分重要，不可敷衍，即使对方要找的人不在，切忌只说“不在”就把电话挂断。

打电话时要专心，不能懒散、无精打采、心不在焉。回答要符合逻辑，不要颠倒语言顺序。如果对方不在，应先告知“不在”，然后询问何事。结束电话交谈时，一般应当由打电话的一方提出，然后彼此客气地道别，说一声“再见”再挂电话，不可只顾自己讲完就挂断电话。

通信礼仪是指在使用各种通信工具和社交媒体时，应遵循的礼貌和规范。通信礼仪旨在建立良好的沟通氛围，促进人际关系的和谐发展。

一、电话礼仪

电话已经成为现代人重要的、不可或缺的交际工具之一。现代礼仪要求在使用电话时，务必维护自身的电话形象。

（一）打电话的礼仪

要使自己所打的电话既能准确无误地传递信息，又能联络感情，有效沟通，就必须注意以下几点：

1. 时间适宜

打电话应尽量避开上午 7 点前、晚上 10 点后，以及午休、吃饭等时间。通话的时间不宜过长，一般以 3 至 5 分钟为宜。要考虑到其他电话的进出，不可过久地占线。假如通话时间较长，应事先征求一下对方意见，并在结束通话时略表歉意。如果在万不得已的情况下，在他人节假日、用餐、睡觉时打电话影响了他人，应该说明原因，并说一声“对不起”。打跨国电话先要了解时差。

2. 事先准备

每次通话前，最好做好充分的准备工作，如事先核对对方的电话号码、单位名称、人名；写出通话的要点或询问的事项，斟酌一下用词；准备好在应答中需要记录用的备忘纸和笔、必要的资料和文件，这样通话时就不会丢三落四。

3. 注意礼节

（1）主动问候。接通电话，应主动友好、恭敬地以“您好”为开头问候，然后言及其他，切忌一上来就“喂”对方，或者开口便道自己的事情。拨打电话的流程如图 4–1 所示。

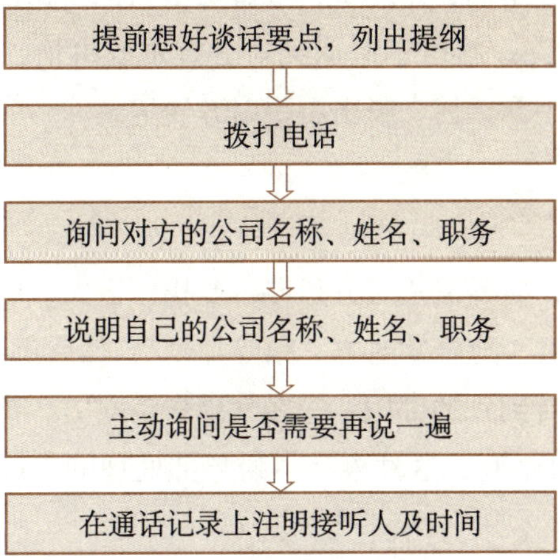

图 4–1　拨打电话的流程

（2）自报家门。问候完毕后，自报家门并证实对方的身份。可以报出自己的姓名，或者自己的单位、部门名称，态度要温文尔雅。如果要找的人不在，可以请求接电话者帮忙转告。如说：“对不起，麻烦您转告……”如果对方允诺，转告后勿忘向对方道谢，并问清对方的姓名。

（3）道别语。终止通话，预备放下话筒前，应说“再见”或道谢的话语，因为这些既是通话结束的信号，也是对对方的尊重。

视频：拨打电话礼仪

（二）接电话的礼仪

许多公司已将“如何接电话”视为培训员工的一项重要内容。接电话的礼仪有以下几方面：

1. 及时接听、应对谦和

接电话首先应做到迅速接听，电话礼仪中有一个“铃响不过三”原则，即应在三次铃声内接听电话，避免让打电话的人产生不良印象，确保及时响应对方的通话需求。

如果因工作繁忙等特殊原因，致使铃响了很久才接电话，须向发话人表示歉意。如果确实很忙，可表示歉意：“对不起，请过十分钟再打过来，好吗？”“请留下您的联系方式，稍后我给您回复过来。”不可接了电话就说“请稍等”，然后撂下电话半天不理会。接电话时，也应该先自报家门，如单位名称、自己的姓名，然后确认对方的信息。

2. 聚精会神、积极反馈

聚精会神，仔细聆听对方的讲话，并准确、及时作答，给对方积极的反馈。如果没有听清楚或意思未听明白，应该谦虚询问清楚。接听时，应该适当有所表示，如“是”“对”“好”“请讲”“不客气”“我明白了”等，或用语气词“唔”“嗯”等，让对方感到你是在认真听。不要光听而一声不吭，或者边听边同身边的人谈话，使人误认为你不在听或漫不经心、答非所问。接电话时遇到对方有重要事情，要边听边记录下要点。因此，建议接听电话时用左手拿话筒，腾出右手以方便记录。

3. 热情代转、做好记录

如果对方请代转电话，应弄清楚对方是谁，要找什么人，以便与接话人联系。

如果要找的人就在附近，应告知对方“稍等片刻”，然后迅速找人。

如果代接的电话需要转到别的部门，应客气地告诉对方，准备将来电转到有关部门或适当的员工处，比如：“对不起，这件事是由财务部处理的，如果您愿意，我帮您转过去好吗？”

如果对方要找的人不在，并请求转告，应问清楚对方姓名、电话、单位名称，以便在接转电话时为受话人提供便利。

在不了解对方的动机、目的是什么时，不要随便说出指定受话人的行踪和其他个人信息，比如手机号等。

在做电话记录时，要注意记录完毕，最好向对方复述一遍以核准，避免遗漏或记错。对要求留言的电话，除了认真倾听、完整记录，还需保密、及时转交。可以利用设计好的电话记录卡片或记事簿记录。接听电话的流程如图 4-2 所示。

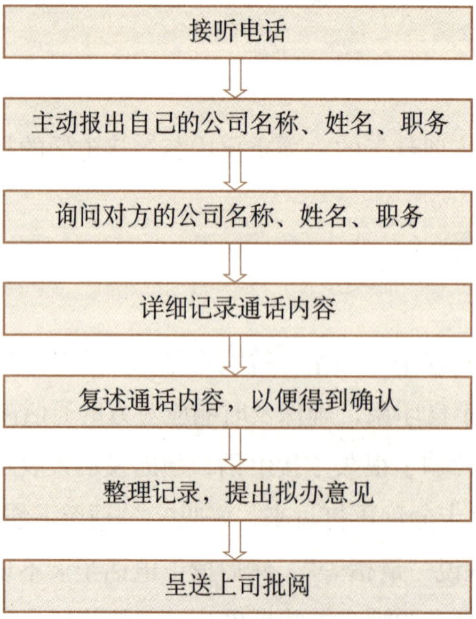

图 4-2　接听电话的流程

视频：接听电话礼仪

二、手机礼仪

在人际交往中，手机使用礼仪不可或缺。手机礼仪是指平常使用手机时应该注意的一些细节。

（一）注意场合

公共场合，如剧场、影院、音乐厅、图书阅览室、法庭、会议室、课堂、悼念场所等要求安静、严肃，应关闭手机，或将手机铃声调至振动或静音状态。在楼梯、电梯、路口、人行道等人来人往之处，不要旁若无人地使用手机。

（二）注意安全

使用手机时必须牢记“安全至上”，维护公共安全。乘坐飞机时，在飞机起飞前，应关闭手机，以免干扰通信设施，影响飞机飞行安全。在医院、加油站也应关闭手机，以免手机发出的信号干扰治疗，或引发火灾、爆炸。开启手机时，还应该注意周围有无禁止无线电发射的标识。不要在驾驶汽车、骑助动车或自行车的途中随意使用手机，不要在穿行马路时使用手机。禁止使用手机标识如图 4–3 所示。

图 4–3　禁止使用手机标识

（三）文明携带

手机应该放置于合乎礼仪的位置，不要挂在脖子上，也不要别在腰间，应该将手机放在随身携带的包内，或西服上衣左侧内口袋。在正式场合，手机不应该有过多的装饰物，特别是男士使用的手机，不应该有其他装饰物。过多的装饰物往往会破坏手机使用者的形象，给人以不成熟、过于随意的感觉。

（四）铃声选择

彩铃变化多样，乐曲、歌声、仿人声、仿动物叫声应有尽有。但是彩铃是给打电话的人听的，不要用怪异或格调低下的彩铃，以免影响个人形象和公司形象。年轻人的铃声设定应健康活泼，彰显青春活力，避免粗俗和低级的铃声。

（五）尊重隐私

手机是个人隐私的重要组成部分。为了尊重他人，体现自己的涵养，不要翻看他人手机中的信息，包括通讯录、短信、通话记录等。一般情况下，不要借用他人的手机打电话，万不得已需要借用他人手机打电话时，也不要走出机主的视线，并且尽量做到长话短说，用完要表示感谢。

小贴士

如何挂断电话

通话完毕听筒置放要轻。一般应该由主动打电话者先搁话筒，接电话者后搁话筒。但假如是与上级、长辈、客户等通话，无论你是发话人还是受话人，最好是让对方先挂断。如果拨错电话号码，应向接听者表示歉意，不要一言不发，挂断了事。

三、微信礼仪

当今社会，微信已经成为人们日常沟通的重要工具。微信也有使用礼仪，正确使用这些礼仪将会为我们加分。

小贴士

微信表情的含义

部分微信表情的含义如图 4-4 所示。

图 4-4　部分微信表情的含义

（一）添加礼仪

1. 自报家门

微信添加他人时要写清楚自己是谁，如果是工作原因，要写清楚自己的工作单位、职务。想要和对方建立深入联系，还要写明自己的联系方式和职责范围。

2. 不要多次添加

如果添加了几次，对方都没有同意，就不要再添加了。一遍又一遍地冒出添加提示会让对方不堪其扰。

3. 不要乱推名片

不要乱推名片，要先说明原因，征得当事人允许后再推。

（二）聊天礼仪

1. 少发语音信息

尽量少发语音信息，因为对方不一定方便接听，就算方便接听，也很容易有遗漏。文字信息更便于对方迅速提取重要信息。

2. 合并同类项

发消息的时候，要尽量简洁和凝练。一条信息用回车键分成若干段，相同的内容放到同一条信息中。发送的信息最好一目了然。把要求对方做的事情放在前面，先说出结论，然后说明事情。

3. 重点事情打电话

重点的事情最好直接打电话。用微信来回沟通容易遗漏关键的信息。

4. 未经许可不发聊天截图

微信的截图经常是某个片段，不能反映沟通全貌。每个人都不希望自己的聊天内容被别人随便发到朋友圈（尤其是断章取义）。不征得对方的许可，最好不要随便把对方的聊天记录截图发给其他人。就算征得了许可，建议把对方头像和姓名打上马赛克，避免给对方带来麻烦。

5. 未经证实的信息不转发

如果信息没有经过证实，就不要随便转发。转发未经证实的信息，有可能成为谣言制造者的帮凶。

6. 少私发拉票、求赞的信息

拉票和求赞之类的事情很正常，不过在自己朋友圈发一下就好了，愿意帮忙的自然就会去帮忙，最好不要私信别人。

（三）朋友圈发布

1. 少发负能量信息

朋友圈中尽量不要毫无顾忌地抒发自己的负面情绪。可以使用微信分组的功能，如果一定要发吐槽的信息，就发到关系比较亲密的群里。让不熟悉的人看到自己负面的情绪，其实也是非常不礼貌的行为，也会影响未来可能出现的合作。

2. 转发尽量带评论

如果是自己赞同的文章，在朋友圈转发的时候可以做一个梗概，方便想要阅读的朋友去了解。你的评论有可能会决定朋友是否需要点进去阅读。

3. 互动点赞要看清

经常为朋友的朋友圈点赞是一个好习惯，这样有利于大家互动。但是如果不经过查看就直接点赞，有时候会闹出笑话。

小贴士

谁扫谁？

微信已成为现代社交的主要工具，过去互递名片、互留电话的社交场面已经很少见了，取而代之的是“扫一扫”互加微信的场景。在重要场合，面对面微信扫码添加好友应该是谁扫谁呢？

1. 按照长幼有序、主客适宜、尊敬的原则，无论谁提出加好友，都应该是：

（1）上级与下级：下级扫上级二维码；

（2）长辈与晚辈：晚辈扫长辈二维码；

（3）女士与男士：男士扫女士二维码；

（4）客人与主人：主人扫客人二维码。

2. 按照礼仪尊敬的原则，理由有以下几点：

（1）上级（长辈、女士、客人等）有优先选择权和知情权；

（2）下级（晚辈、男士、主人等）扫描二维码，需要完成扫描、添加朋友申请、等待确认的动作；上级只需要做提供二维码、确认通过两个动作。从操作步骤上来说，下级要多于上级，这也是礼仪默认的原则，“麻烦”留给自己。

3. 需要注意的问题：

（1）扫码后一定要填写“添加朋友申请”，特别是初次见面者，一定要提供相关个人信息，如姓名、单位、部门、电话等，以便对方了解和标注。

（2）待对方通过后，应及时做好标注，如姓名、单位、职务等，以免时间过长遗忘。

四、电子邮件礼仪

电子邮件（E-mail）又称电子函件或电子信函。使用电子邮件进行联络，不仅安全保密、节省时间、不受篇幅的限制、清晰度极高，而且还可以降低通信费用。使用电子邮件对外进行联络时，应当遵守的礼仪规范主要包括以下几个方面：

（一）标题要清晰

添加邮件主题是电子邮件和信笺的主要不同之处，在主题栏里用短短的几个字概括出整个邮件的内容，便于收件人权衡邮件的轻重缓急，分别处理。回复的信件要重新添加、更换邮件主题，最好写上来自 ×× 公司的邮件，以及年、月、日，既一目了然，又便于保留。

（二）主题要明确

一个电子邮件一般只有一个主题，并且往往需要在前面注明。

（三）语言要流畅

尽量避免使用生僻字、异体字。引用数据、资料时，最好标明出处，以便收件人核对。

（四）内容要简洁

电子邮件的内容应当简明扼要。针对需要回复及转寄的电子邮件，要斟酌写在电子邮件里的每一个字、每一句话。法律规定电子邮件也可以作为法律证据，因此，发电子邮件时一定要慎重。

（五）格式要规范

虽然电子邮件本身已标明了来自哪方，寄给何人，但在邮件中注明收信者及寄件者大名乃是必需的礼节，包括在信件开头尊称收信者的姓名，在信尾也注明寄件者的姓名、通信地址、电话，以方便收信者联系。重要邮件发出后要电话确认，重要的机密和敏感的话题不要使用电子邮件。

（六）发送需讲究

发送电子邮件时，最好不要将正文栏空着而只发送附件，除非是因为各种原因出错后重发的邮件，否则不仅不礼貌，还容易被收件人当作垃圾邮件。发送完毕后，可通过电话等方式询问收件人是否收到邮件，通知收件人及时阅读。

（七）接收要回复

如果自己是主送方，应当在最短的时间内给予回应，表示已经收到邮件。简短的回应如“已经收到，我会尽快安排，谢谢”。电子邮件格式如图 4–5 所示。

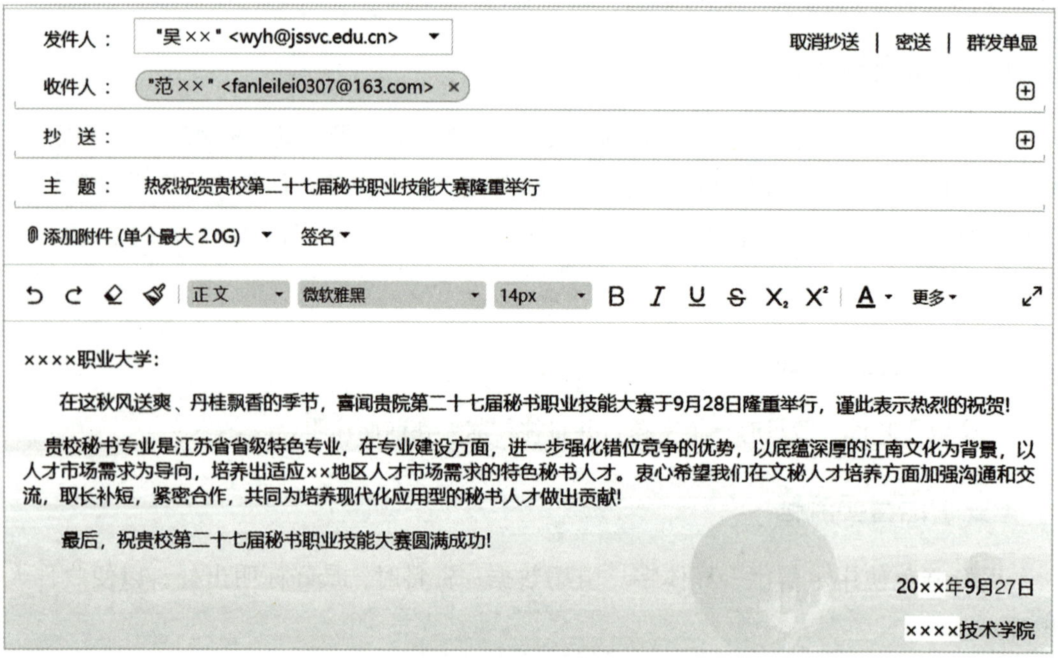

××××职业大学：

在这秋风送爽、丹桂飘香的季节，喜闻贵院第二十七届秘书职业技能大赛于9月28日隆重举行，谨此表示热烈的祝贺！

贵校秘书专业是江苏省省级特色专业，在专业建设方面，进一步强化错位竞争的优势，以底蕴深厚的江南文化为背景，以人才市场需求为导向，培养出适应××地区人才市场需求的特色秘书人才。衷心希望我们在文秘人才培养方面加强沟通和交流，取长补短，紧密合作，共同为培养现代化应用型的秘书人才做出贡献！

最后，祝贵校第二十七届秘书职业技能大赛圆满成功！

20××年9月27日

××××技术学院

图 4–5 电子邮件格式

小故事

张总收到的电子邮件回复

一天，公司张总经理给行政部小杨发了一封电子邮件：“小杨：明天上午我有事，10点你去机场代我接客户蔡总；此外，你把A项目的总结报告拿给我看一下。署名：张总。”小杨有点疲倦，于是不假思索地回复了几个字：“知道了。”张总收到邮件后很不高兴，心想：你知道啥了？

出于对小杨的不放心，张总给项目组的小戴也发送了刚才邮件的内容。

小戴收到邮件后，也立刻做出了回复：“尊敬的张总，来信获悉。明天9:30我会抵达机场迎接蔡总，转达您的问候，并备好蔡总最喜欢的碧螺春，接到后我会给您发短信；A项目的总结报告我已备好，明天8:30我先到公司，放到您的办公桌上，再去机场。近期您出差较多，请注意休息，有事请随时吩咐。署名：小戴。”张总露出了满意的笑容。

任务二　自觉约束网络言行

见微知礼

微课：自觉约束网络言行

案例导入

小贺和小沈在同一家公司的同一部门工作，两人由于经常意见不合而产生隔阂。小贺在网络平台上以个人账号编发了一些小故事，以吸引粉丝、增加流量。小沈平时喜欢在朋友圈晒自己的日常生活。小贺浏览到小沈发布的“与家人的日常”，便下载并利用帖文图片在自己的网络账号上发布帖文，捏造小沈在工作中收受贿赂、违规操作等事情。上述帖文信息在网络上被大量转载、讨论，公司员工受帖文影响，对小沈肆意诋毁，给小沈的工作和生活带来极恶劣的影响。小沈咨询律师后，以诽谤罪对小贺提起公诉。

分析：

网络上的侮辱、诽谤行为传播迅速，容易引发大规模负面评论，严重侵害他人的人格权益。我们应文明理性发言，培养良好的网络素养，避免恶意攻击、诽谤造谣。遭遇网络暴力或侵权时，可冷静收集证据，及时诉诸法律。

在互联网世界中，也同样有一套不成文的规定及礼仪，即网络礼仪，供互联网使用者遵守。网络礼仪主要指网络道德，包括尊重他人、不透露他人隐私、杜绝网上犯罪、礼貌用语、文字表述要准确简洁、不滥用权力、保障信息传输畅通等。

一、公私分明

如果因公上网，必须明确自己上网的目的，做到公私分明，不利用工作之便为个人私利服务。

二、入乡随俗

不同的网站、不同的论坛有不同的规则。如在聊天室畅所欲言和在一个新闻论坛发表意见是不同的。发言前要先观察，主动了解论坛的气氛和类型。

三、确保安全

（一）严守机密

从网络的安全和单位利益的角度看，不可将自己所掌握的秘密当作可炫耀的资本加以传播或泄露，给国家或单位造成损失。

（二）防范“黑客”

“黑客”是指采用高超的计算机知识和网络操作技术侵入重要机构网络服务器的人。“黑客”或侵入他人电脑偷窥机密，或擅改程序造成网络混乱，或盗用密码借机牟利，进行高科技犯罪。从网络安全出发，应该给自己的电脑装配防火墙或经常定期杀毒扫描，以保证网络使用的安全。

四、文明交流

网络虽为虚拟世界，但在网上与人交流，应和平时其他交流一样，遵守礼仪规范。网络交流更需要网民做到自律。

（一）文明用语

网络交流有很多方式，如BBS、聊天室、博客、QQ、微信等，但不管使用何种方式，都必须文明交流。例如：遇争论或持不同观点时，不使用攻击性、侮辱性的语言骂人，不讽刺、诋毁他人，不进行人身攻击，要以理服人；交流时不用放大的字，这如同对人大吼大叫；可利用一些网络特有的语言符号系统，生动有趣地表达自己的情感，以增加情趣。

（二）尊重交往对象

具体表现为不随意、频繁更换昵称（别名），上网聊天时如见到众多熟人，见面或离线均应打招呼并尊重他人的隐私。电子邮件或私聊的记录有的是隐私的一部分，不得随意发布。如果认识的某人在论坛以笔名上网，未经同意不要将他的真名公开。

尊重交往对象还包括不滥用权力，待人宽容。一些网络管理员或版主比其他用户有更多权力，应当慎用这些权力，不得随意“踢人”或封杀。

（三）不随意传播

不得以单位的名义任意发布、发表对时事、新闻的看法。不发布假消息或泄露国家、单位的商业机密。不在网上从事不法生意来招揽客户。不任意链接不良网站的内容进行传播。不制造、不传播网络病毒。如果不小心看到别人电脑中的电子邮件或秘密，不得到处传播。

（四）诚实守信

在浏览资料，转载、复制拥有版权的文字、图片、影像资料时，应征得版权人的同意。网上购物要守信。

（五）遵守个人道德规范

不随意进行网络约会，不链接、不浏览不良的网站内容。

除了上述规则，我们在使用网络时，还必须遵守国家制定的一系列有关网络的法律和法规。

小贴士

《上网文明倡议》“三字经”

钓鱼帖　不打开　标题党　不可信
不信谣　不传谣　促清朗　共践行
送福利　不轻信　识骗术　懂举报
玩游戏　拒沉迷　未成年　众守护
伪官方　擦亮眼　求转账　多核验
二维码　谨慎扫　套信息　勿填写

百礼齐鸣

有人认为使用微信表情聊天比单纯使用文字更有妙趣，也有人认为聊天中过多使用表情可能会影响自己的权威形象。你平时是如何使用微信表情聊天的？

项目实施

项目分解	活动安排	任务内容	项目成果
企业调研	集体活动，校内教师安排	通过电话、邮件等方式，了解“网络文明E‘企’同行”进企业宣传活动。	调研报告
策划方案	分组活动，校企教师共同指导	根据书香服务股份有限公司企业文化主题活动计划，结合电话、手机、微信、电子邮件等通信礼仪规范，撰写“屏幕礼仪谨记于心”系列活动方案。	活动方案
海报设计	分组策划，校内教师指导	结合以上活动，设计网络文明和屏幕礼仪系列活动宣传海报和宣传口号。	海报展示

项目评价

考核项目	考核内容	分值	自评（20%）	小组（40%）	教师（40%）	得分
企业调研	准备充分，目标明确，深入分析，结果客观	20				

续表

考核项目	考核内容	分值	自评（20%）	小组（40%）	教师（40%）	得分
策划方案	内容全面，重点突出，统筹规划，可行性强	20				
海报设计	图文并茂，美观大方，简洁明了，感染力强	30				
工作态度	参与度、积极性	10				
团队合作	分工与合作情况	10				
创新创意	原创性、新颖性	10				
					总　分	

项目拓展

一、知书达礼

1. 单选题

（1）不是有急事的情况下，在以下哪个时间段打电话最合适？（　　）

A. 中午 12:00—14:00　　B. 上午 9:00—10:00

C. 深夜 12 点后　　D. 双休日

（2）打电话时谁先挂断电话，规范的做法是（　　）。

A. 对方先挂　　B. 自己先挂

C. 地位高者先挂电话　　D. 以上都不对

（3）接电话时，正确的表现是（　　）。

A. 工作太忙，边用头和肩夹着电话，边处理事情

B. 拿起电话先问对方是谁

C. 手中有事，等会儿再接

D. 接到打错的电话，礼貌地告诉对方："您打错了。"

（4）聊天时，如遇突发情况需要结束对话，应该怎样做？（　　）

A. 先去忙，忙完再回来回复别人

B. 跟对方说一声有事要去忙了，然后去忙

C. 先去忙，然后直接消失再没有下文

D. 发一个拜拜表情包，直接去忙

（5）以下关于微信礼仪，说法错误的是（　　）。

A. 谁先加的微信，谁就应该自报家门

B. 为了节省时间，可以多发语音

C. 不要在朋友圈发你和别人的对话截图

D. 不要随便把朋友的微信给陌生人

（6）在朋友圈发布内容时，应遵循哪些原则？（　　）

A. 不发过分炫爱、炫富的内容

B. 不发偏激、抱怨、粗俗的内容

C. 未经同意不公开聊天截屏

D. 以上都是

2. 多选题

（1）以下关于电子邮件礼仪，说法正确的是（　　）。

A. 给他人发送邮件时，如果收件人有职务，可以按照职务尊称对方

B. 不需要写主题

C. 邮件正文要简明扼要，行文通顺，多用简单词和短句

D. 如果邮件带有附件，应在正文里面提示收件人查看附件

（2）以下关于网络礼仪，说法正确的是（　　）。

A. 依法上网，促进清朗网络建设

B. 文明上网，增强网络道德观念

C. 安全上网，抵制网络有害信息

D. 自律上网，维护网络健康环境

二、躬行践礼

以班级为单位，开展“点击文明，绿色上网”活动。通过微信公众号、抖音、班级群、微信群等多种形式宣传网络安全知识、网络安全防范技巧，转发网络安全科普知识，加强大学生个人信息保护、提升数据安全意识。

三、品礼鉴仪

鸿雁传书：藏在尺牍中的人情与礼俗

在古代，由于交通不便，人际交往会受到很大局限。“我住长江头，君住长江尾。日日思君不见君，共饮长江水。”如果不能见面，又如何进行情感的交流，建构和维系关系呢？古人创造了一种别样的社交方式——写信。在古代，还有专门代写书信的职业。

大约在春秋战国时期，中国就出现了书信这一交流方式。“郢书燕说”的著名典故就

足以证明。而在考古发现的大量的秦汉简牍保存了那个时期的诸多书信的原本，十分珍贵。书信不仅具有交流信息、沟通情感的功能，而且逐渐形成一种文体。书信，在古代又被称为书、信、函、札、笺、简、尺牍、尺素等，另外还产生了不少别称和雅称，如鱼雁、鸿雁、朵云、鸾笺等，这都是书信文化发达的产物。随着魏晋时代书法的成熟，书信也成为后世的一种艺术形式、审美对象。书法史上很多著名的“帖”就来自文人之间的书信往来。

《礼记·曲礼上》强调的“夫礼者，自卑而尊人”，是书信礼仪中重要的原则之一。这一原则具有普遍性，只有自我谦卑、谦让、谦逊，才能抬高对方以示尊重。这不仅体现在交往的礼仪上，也体现在语言的使用上。

书信一般包括六部分：称谓语、提称语、正文、祝愿语、署名和日期。就写信对象而言，大体有长辈、平辈和晚辈的不同，也有亲疏远近的差异，因此，体现在提称语方面就要使用不同的说法，比如对长辈，可以使用尊鉴、赐鉴；对于老师，可以用函丈、道席；对于平辈则可以使用足下、阁下、台鉴等。

四、推荐阅读

《尺牍百法》

作者 崔学路

这本书是一部深入解析中国传统书信艺术的实用指南，它追溯了从古至今书信尺牍的演变历程，揭示了其中蕴含的礼仪、理念和规范。本书详细介绍了书信的格式和标准，使读者能够很好地理解和掌握书信礼仪。

本书不仅是一本理论著作，还包含了一百种尺牍创作的实践方法，旨在帮助读者通过实际操作提升书写技巧。书中涵盖了书信中常见的称谓、行文方式和落款词汇，使学习过程既系统又实用，特别适合作为现代人学习中国传统书法礼仪的参考书。

模块三

职业活动篇

项目五
高情商应对职场沟通

动画导课：礼行天下，仪见倾心——如何从容地应对职场沟通

知礼学仪

戴尔·卡耐基曾说：一个人事业的成功，只有15%归结于他的专业知识，而85%归于他的表达思想、领导他人及唤起他人热情的能力。成功的职业生涯一定程度上取决于个人的职场技巧。在职场上，要懂得用恰当且合理的方式与人沟通和交流。

学习目标

◎ 知识目标

了解简历制作、面试礼仪规范；
了解办公环境礼仪和办公室举止礼仪规范；
掌握办公室接待礼仪要求和规范；
掌握工作场合拜访和做客拜访的礼仪要求和规范。

◎ 技能目标

能够在求职面试中塑造良好的个人形象；
能够根据职业要求，塑造得体的办公室职业形象，把握与办公室同事相处的艺术；
能够按照接待工作的基本原则、程序及要求，做好不同类型宾客的接待工作；
能够代表单位对客户进行拜访。

◎ 素养目标

培养主动热情的工作意识、周到细致的服务意识，提高职业素养；
在职业活动中做到礼归序位、换位思考、诚信务实、宽容大度，提升职场沟通技巧和情商。

思维导图

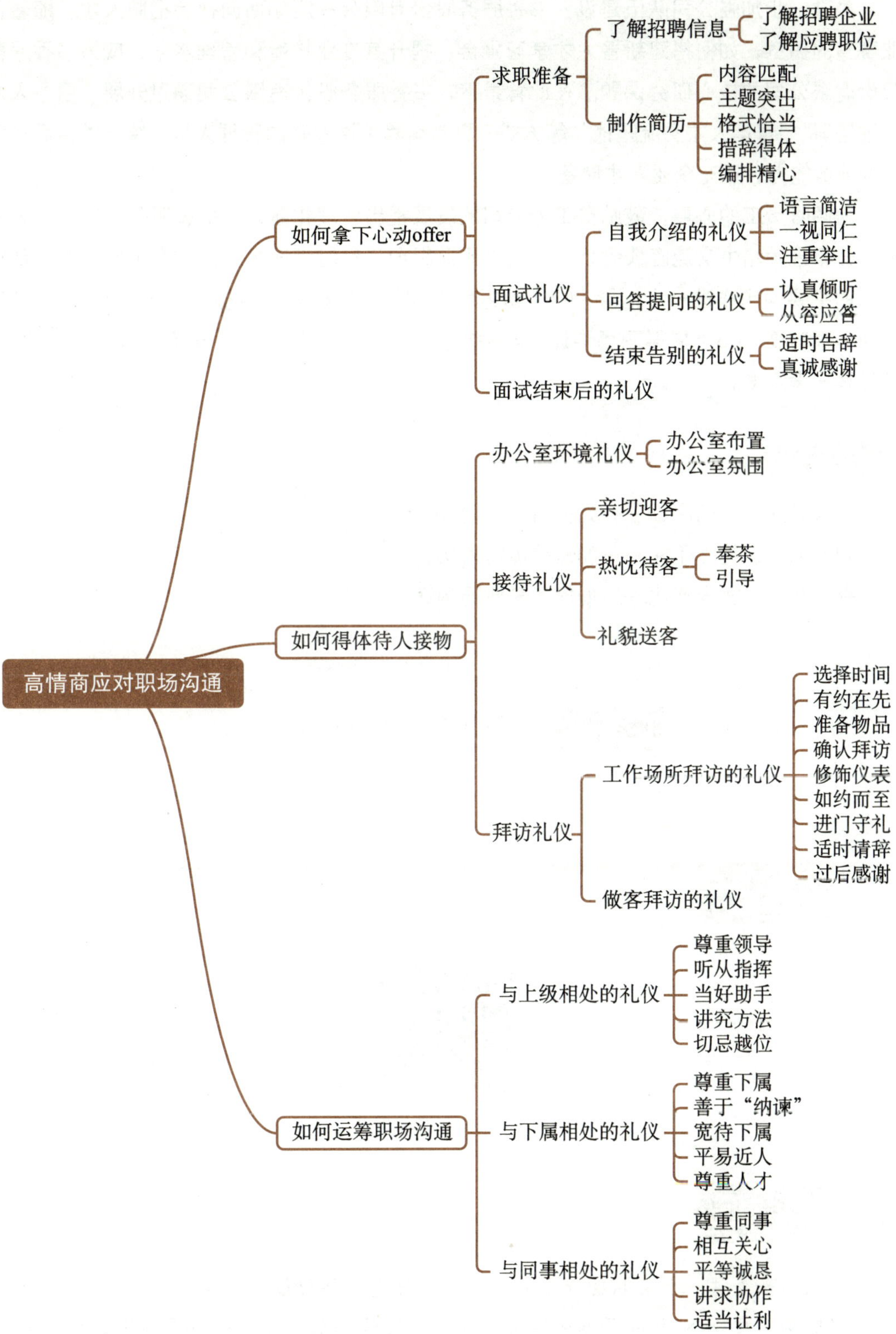
高情商应对职场沟通
如何拿下心动offer
求职准备
了解招聘信息
了解招聘企业
了解应聘职位
制作简历
内容匹配
主题突出
格式恰当
措辞得体
编排精心
面试礼仪
自我介绍的礼仪
语言简洁
一视同仁
注重举止
回答提问的礼仪
认真倾听
从容应答
结束告别的礼仪
适时告辞
真诚感谢
面试结束后的礼仪
如何得体待人接物
办公室环境礼仪
办公室布置
办公室氛围
接待礼仪
亲切迎客
热忱待客
奉茶
引导
礼貌送客
拜访礼仪
工作场所拜访的礼仪
选择时间
有约在先
准备物品
确认拜访
修饰仪表
如约而至
进门守礼
适时请辞
过后感谢
做客拜访的礼仪
如何运筹职场沟通
与上级相处的礼仪
尊重领导
听从指挥
当好助手
讲究方法
切忌越位
与下属相处的礼仪
尊重下属
善于“纳谏”
宽待下属
平易近人
尊重人才
与同事相处的礼仪
尊重同事
相互关心
平等诚恳
讲求协作
适当让利

项目描述

为进一步加强公司队伍建设，书香服务股份有限公司定期面向社会招聘人才。随着行业赛道的拓宽，如何搭建新晋人才学习平台、提升其专业技能和管理水平，成为书香服务股份有限公司的核心研究课题。在此背景下，书香服务股份有限公司通过开展“后备人才系统培训”“青年人才交流座谈”等方式，聚焦培养关键业态的管理人员，综合锻造后备团队的业务能力，扩充企业人才储备。

为倾听员工的心声，鼓励员工为公司的发展提出合理化建议，书香服务股份有限公司拟召开新晋管培生交流座谈会议。公司朱副总经理将针对管培生们近期在工作中的表现和存在的主要问题作进一步指导：（1）做好职业规划，明确人生目标；（2）适应工作环境，加快角色转变；（3）懂得职场沟通，学会换位思考；（4）积极主动学习，做好客户管理、提升客户满意度。

任务清单

亲善职业，礼归序位——如何拿下心动 offer

相待以礼、约之于礼——如何得体待人接物

敬贤礼士、宽容豁达——如何运筹职场沟通

任务一 如何拿下心动offer

见微知礼

微课：如何拿下心动 offer

案例导入

我们来复盘一下某职场观察类真人秀节目中被誉为最强黑马的詹××的部分闪光时刻。詹××从一开始的害羞内向到最后的落落大方，突破了自我，完成了完美蜕变，被封为“律政佳人”，成功夺得 ×× 律所的 offer。

一出场，她就让人眼前一亮：漂亮精致的眉目，温婉的发型，职业的衬衫和半裙。她应该是面试礼仪最到位、最符合女性职业形象的实习生了。她的修养体现在待人接物上：

面试进门时关门小心翼翼，这能体现出她既是一个很注重细节的人，也是一个很会为他人考虑的人。

实习的第一天，她没有冒失地推门进办公室，而是电话联系相关负责人。也许有人认为她应该直接走进去，然后找人询问，其实这样容易打扰到同事的正常工作。电话联系相关的负责人，是当时情况下最恰当的方法，一来可以直接找对人，二来可以直接了解到接下来公司对实习生的安排，三来也能让相关负责人了解，实习生已经到公司了，相关的工作事项可以做准备了。而后面发生的事情也证明了这一点，接待同事带她到了工位区，同时还附带介绍了郭律师的办公室。

在与人见面做自我介绍时，她身体微微前屈并点头赞同，这也是非常细节的礼仪习惯，是融入生活的，并非刻意而为之。

谦虚是她的另一个特点。她保持了足够的空杯学习心态。在述职环节，当其他实习生都若有若无地表现自己的优势时，她谦虚地说自己是从“零实习、零模法、零突出”的“三无”到“有辩论、有模法、有实习”的“三有”，令人印象深刻。

分析：

求职礼仪是个人求职的敲门砖。求职时的外在形象和行为举止反映出个人的修养，影响面试官对面试者的印象，是面试成功与否的关键因素。每年的 9 月和 10 月，成千上万的毕业生离开校园进入社会，对工作有着各种各样的想象和期待。但是进入职场时，大多数人都觉得只要自己的简历优秀、毕业院校是名校，就可以受到人力资源的青睐，而忽略了在职场中占有重要地位的礼仪修养。

一、求职准备

（一）了解招聘信息

1. 了解招聘企业

通过了解招聘企业的经营范围，分析企业的经营内容、发展规模，对企业在市场的竞争力、在行业的地位有更好的认识；通过了解企业文化，确定自己的理念、价值观等是否与企业文化一致；通过了解企业未来发展规划，分析企业发展与行业的契合度，以判断企业的生命力。

只有掌握了以上信息，面试者在面试时才能更真实地回答自己应聘该企业的理由，让面试官感受到面试者的诚意。

企业招聘信息要素如图 5-1 所示。

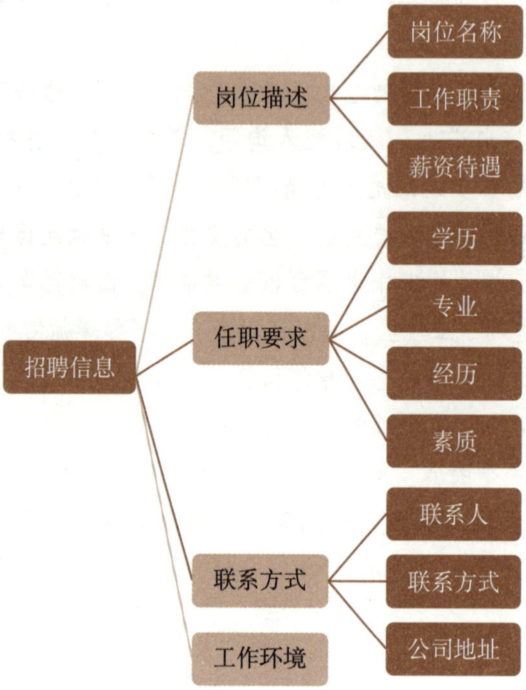

图 5-1　企业招聘信息要素

2. 了解应聘职位

通过了解应聘职位对求职者的要求，不仅可以确定自己的知识结构、专业技能、工作经历是否符合企业要求，体现对企业和自己负责任的态度，而且在制作简历时能够做到重点突出。

（二）制作简历

简历不仅是面试的第一关，还是决定面试者是否能拿到 offer 的最后一关。一份好的简历，不仅可以体现面试者的业务能力，还能提前给面试官留下好印象。

1. 内容匹配

人力资源部在招聘的时候，一般都是根据用人部门的要求来筛选简历，因此，简历最重要的就是内容与招聘方的要求相匹配。

2. 主题突出

求职者在撰写简历时，要重点突出与所申请职位相关的经验与技能，而不是将个人基本信息、教育经历、工作经历不分先后、没有主次地一一罗列。应届毕业生，如果专业成绩不错，可以标注专业成绩；如果专业成绩一般，可以重点罗列在学校参加的课外活动。对社会招聘简历而言，项目和工作经历既是一份简历的精华，也是人力资源部最关注的部分。

小贴士

STAR 法则

Situation（情境）：详细阐述你在何种工作 / 项目背景下承担了任务。

Task（任务）：明确说明你的具体职责和目标是什么。

Action（行动）：详述你是如何执行任务、解决问题或推动项目的，强调个人决策和行动力。

Result（结果）：呈现你的努力带来的实际成果和影响，用数据、奖项或其他量化指标来证明成效。

3. 格式恰当

求职者要根据自身情况，从完全表格式履历、半文章式履历、小册子式履历等格式中选择最能体现自身优势、最适合自己各方面任职资格的简历格式。

4. 措辞得体

求职者在行文时避免使用抽象、空洞的措辞，应以客观的态度、具体的事实以及准确的数据说话，使人力资源部能够清晰地了解求职者的成就、能力及专长。行文应避免使用带有强烈色彩的修饰语和带有个人看法的强调语，应选用具体明确的细节表述实情，体现求职者的平实、谦虚和自信。行文尽量少用第三人称和第一人称，可以使用主语隐化的句子，避免自夸之嫌，使句子显得活泼、轻快。

5. 编排精心

在设计简历时，不要五颜六色、过分绚丽，让人感觉眼花缭乱，用简单的灰色或者蓝色即可，既简约又大气。

排版时，四周要留出足够的空白，体现空间美。

简历中的文字要高低一致，各项目名称可用粗体字体现。完整简历要素如图 5–2 所示。简历制作示意如图 5–3 所示。

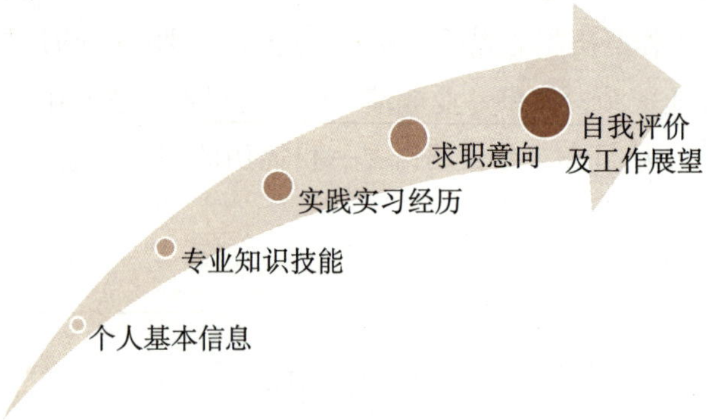

图 5–2　完整简历要素

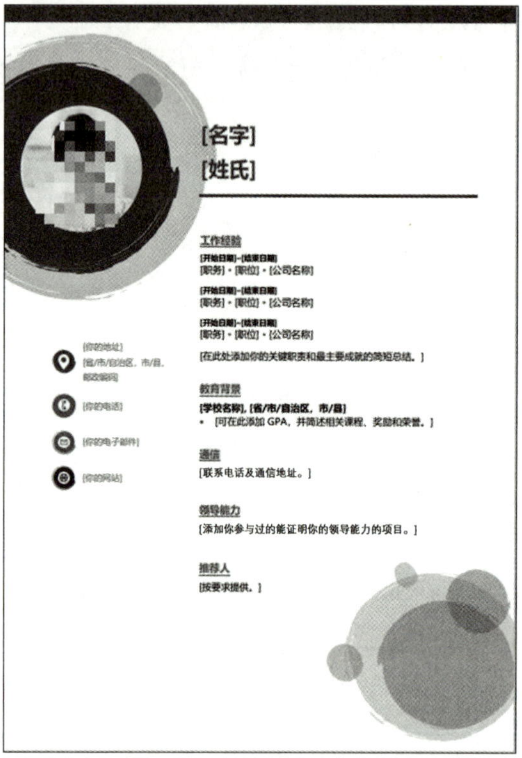

图 5–3　简历制作示意

二、面试礼仪

（一）自我介绍的礼仪

一个好的自我介绍，可以顺利跨过求职的“第一道门槛”。自我介绍时，要注意以下几点：

1. 语言简洁

自我介绍并不是进行不必要的重复，而是为了加深印象，给面试官留下更加立体的印象。有效的自我介绍不是机械地说出姓名、籍贯、应聘职位，而是在精心准备的基础上，巧妙地在自己的长处、优点、专业知识、技术等方面与所应征的工作之间找相关性和着力点，并精练、自然地表达和突显出来。以事实为根据，切忌过分夸大，否则会有自吹自擂之嫌。

2. 一视同仁

见面之初打招呼时，微倾见礼，注视对方。若有几位面试官，目光要从容移动，恭敬地送上问候，多使用“您”“请”“谢谢”等礼貌用语，让面试官更容易接受。

3. 注重举止

打招呼和接名片最好都站着，不要自己主动坐下，等面试官请坐时再入座。入座后要端庄大方，双手自然放在腿上，面带微笑，这样会给对方一种胸有成竹的感觉。不要双手相握，不断揉搓，这样会给面试官留下缺乏自信的印象。

小故事

最好的“介绍信”

一位先生要雇一名员工到他的办公室做事，挑中了一个年轻的小伙子。

“我想知道，”他的一个朋友问道，“你为何喜欢那个年轻的小伙子，他既没带一封介绍信，也没任何人推荐。”

“你错了。”这位先生说，“他带来了许多介绍信：他在门口蹭掉了脚上的土，进门后随手关上了门，说明他做事小心仔细；当看到那位残疾人时，他立即起身让座，表明他心地善良、体贴别人；进了办公室他先脱去帽子，回答我提出的问题干脆果断，证明他既懂礼貌又有才能。其他所有人都从我故意放在地板上的书上迈过，而这个小伙子却俯身捡起那本书并放在桌上；当我和他交谈时，我发现他衣着整洁，头发梳得整整齐齐，指甲修得干干净净。难道你不认为这些小细节是极好的介绍信吗？”

（二）回答提问的礼仪

1. 认真倾听

听面试官说话时，要专注有礼，可以短暂地直视双眼、赞许地点头。如果能巧妙地插入一两句“原来如此”“您说得对”“是的”“不错”等肯定用语，能更好地体现自己的专注。

2. 从容应答

假如面试官提出“冒犯”的问题，要控制好情绪，不可坦率地回答缺点，也不能欺骗面试官。对不懂、答不出的问题，切忌一言不发，可以用几句话先缓冲一下：“这个问题我没有认真思考过。从刚才的情况看，我认为……”想清楚后再有条不紊地回答，还没想清楚的就先不说，或者少说，切忌信口开河、夸夸其谈、文不对题、词不达意。面试官虽然在意你回答的内容，但是如果你能从容淡定地说出自己的想法，虽然欠完整，或者不成熟，也不至于对全局产生恶劣影响。面试问题及提问动机如图 5–4 所示。

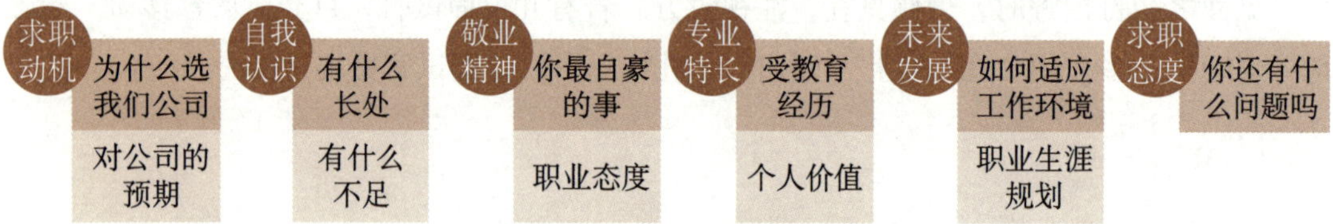

图 5–4　面试问题及提问动机

小贴士

面试中的数据分析

基本的沟通交流礼仪占比约为 50%（主要是举止过于随便，无礼貌，穿着过于随意）；

时间观念占比约为 25%（主要指的是迟到、爽约等）；

贬低他人占比约为 15%（主要就是贬低前单位、领导、同事）；

其他情况占比约为 10%（其中，说谎占比约为 6%，一些意外状况尤其是电话突然响起占比约为 4%）。

（三）结束告别的礼仪

1. 适时告辞

首先，不要在面试官准备结束谈话前表现出浮躁不安、急于离去的样子。其次，不要在面试官已经说了“感谢你前来面谈”“同你谈话感到很愉快”这样的告辞语时，还继续提问，纠缠不休。最后，告辞时应礼貌地表示感谢。成功的面试应有适当的时间节制，时间过长会对应聘者不利，适时告辞，会给彼此留下一段美好的回忆。

2. 真诚感谢

面试结束告辞时，应起身站立，面带微笑，同主试官握手，向其他面试官通过短暂的目光交流表示感谢，给对方留下积极、有礼的印象。走出去时，如果在面试前有秘书或接待员接待过你，也应一并向他们致谢告辞。

三、面试结束后的礼仪

在面试后的一两天内，可以给具体负责人写一封短信，感谢对方为你所花费的精力和时间，为你提供的各种信息，还可以简短地谈谈你对公司的兴趣，你相关的经历和你可以成功地帮他们解决哪些问题。

如果两星期之内没有接到任何回音，可以给主试人打个电话，询问“是否已经做出决定了”，这个电话可以表示出你的兴趣和热情，你还可以从对方的语气中听出你是否有希望。

小贴士

人际心理学：见面长不如常见面

心理专家认为：对于一般事务，人与人之间的沟通只需 4 分钟。这就像社交中的一条秘诀：长谈一次不如增加见面次数。心理学上称之为“多看效应”。有些人善于制造双方接触的机会，从而提高彼此间的熟悉度，互相产生更强的吸引力。

百礼齐鸣

结合所学求职礼仪知识，谈谈对于求职者而言，什么才是最好的“介绍信”。

任务二　如何得体待人接物

见微知礼

微课：如何得体待人接物

案例导入

小许大学毕业后，成功应聘到桑雅公司人事部当助理。第一天上班，为了让自己的办公桌看上去与众不同，小许精心布置了一番。她放上青春靓丽的写真照，摆上可爱的毛绒公仔，感觉又回到了温馨的校园里。小许年轻、时尚，性格外向，爱好交际，朋友很多，为了不耽误与朋友联系，她上班期间总是上网，不时地聊聊天，有时干脆煲起电话粥。在大学里，小许就养成了爱吃零食的习惯，现在办公桌和抽屉里也都塞满了零食，她经常一边工作一边享用，也经常和同事们分享。

小许的上司张总监工作能力很强，对下属要求很高，平时不苟言笑，下属们私下称呼她为“女魔头”。不过小许有几次竟得到了“女魔头”的表扬，这让她颇为得意，常常流露出沾沾自喜之情。

有一次，小许无意间听到办公室的两个同事在议论：“女魔头”最近心情不好，跟丈夫正在闹离婚。小许忽然想起来，好像真的有这么回事，凑近那两个同事，补充说：“我和你们说啊，她这两天总是跟老公在电话里吵架。昨天，我还看到她在办公室里抹眼泪呢！”“那肯定是了，她脾气那么差，哪个人受得了她啊！”小许越聊越起劲了。

分析：

在办公室工作，理应遵守办公室的规章制度，自觉保持办公环境的整洁有序。要注意以下几点：公私分明，私人物品不宜放在办公桌上；爱岗敬业、恪尽职守，高质高效地完成工作任务；尊敬领导和同事，待人真诚；同事之间友好相处、平等对待，虚心学习他人的长处和优点，互相团结、互相帮助。要懂规矩，不该说的不说，不该做的不做，不该问的不问。

办公室是处理工作业务的场所，遵守办公室礼仪不仅是对同事的尊重和对企业文化的认同，更是个人为人处世、礼貌待人的直接表现。

一、办公室环境礼仪

（一）办公室布置

办公室的布置不可以太过花哨，否则会给人眼花缭乱的感觉，影响工作。办公室的用具设计要精美、坚固耐用，适应现代化要求。办公桌应美观、实用。有条件的可采用自动升降办公椅，以适应身体高度。同时，应根据不同工作性质，设计不同形式的办公桌椅。办公室应根据不同情况，设置垂直式档案柜、旋转式卡片架和来往式档槽，以便保存必要的资料、文件和卡片等，便于随时翻检。

（二）办公室氛围

为了使工作更有效率，应该在办公室里营造安静的氛围，如墙壁使用吸音材料、铺设地毯以吸音、安装双层玻璃等，可以使办公室不受外界干扰。除了要整洁、安静，办公室的布置还可以增加点能体现组织特色的装饰物，但注意要与整体风格协调，不能太凌乱。

小贴士

办公室环境

办公室环境一般可划分为硬环境和软环境。硬环境包括室内空气、光线、办公设备及会客室的布置等外在客观条件。软环境包括会客室的工作氛围、接待人员的个人素养等社会环境。制约办公室环境的因素很多，有自然因素、经济因素，最主要的还是人的素质修养因素。

二、接待礼仪

迎客、待客、送客是接待工作中的基本环节。接待来访的客人，必须遵循礼貌、负责、方便、有效的原则。接待3S原则如图5-5所示。

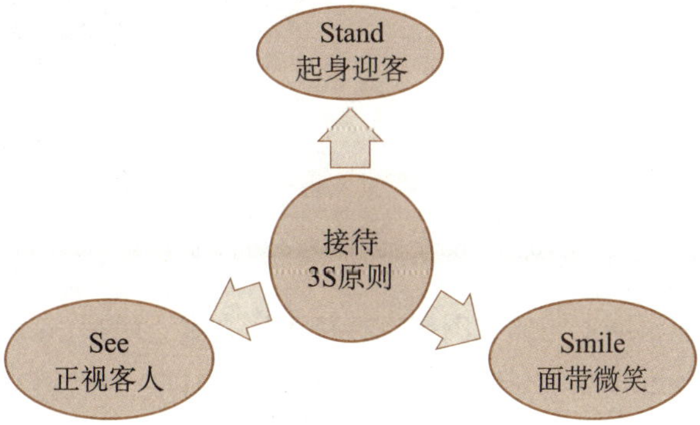

图5-5　接待3S原则

小贴士

接待的准备

1. 物质准备

会客室应准备好座位、茶水，有条件的情况下，还应有复印设备，当来访者索要有关资料时，能立即复印。为使会客室内显得生机盎然，可以在窗台、屋角摆些盆景或花卉。为了方便来访者进屋后有放衣物的地方，应准备衣帽架。为使来访者排解等待的时间，可准备一些书籍、杂志、单位介绍材料等。

2. 心理准备

接待礼仪的基本要素是“诚心”。只有站在对方立场上，有一颗真诚的心，接待中能将心比心，才能表现出优雅的礼仪。待人接物应该热情开朗、温和有礼、和蔼可亲、举止大方，这种良好的行为有助于赢得对方的好感。那种“门难进、脸难看、话难听、事难办”的现象令人反感。接待人员应有真诚的待客心理。

（一）亲切迎客

对于预约的来访者，在其到来之前，要有所准备，要事先记住对方的姓名。当来访者应约而至时，要热情地将其引入会客室并向上司通报。

对于未预约的来访者，也应热情友好，让其感觉是受欢迎的。询问来访者的来意，再依当时的情况选择适当的应对方法。接待未预约的来访者的方法如图 5-6 所示。

上司正在开会或正在会客，同意见客	上司没时间接待	上司说不能会见或不愿见，需挡驾
• 告知临时来访者：“抱歉，经理正在开会，您可以等一会儿。”	• 记下对方的要求，日后予以答复，不能推诿、拖延或敷衍了事。	• 情况一：请示上司可否派人代理接见来客，如果同意，告知来访者“不巧，经理正在会客（或开会），我请××主任来与你谈，好吗？” • 情况二：以既热情又坚定的态度回答上司确实无法接待的来客，帮助上司挡驾。

图 5-6 接待未预约的来访者的方法

对于来访团组，应根据上司的意图拟定接待工作方案，包括：

（1）来访团组的基本状况（公司名称、来客人数、日期、来访目的、要求）；

（2）公司接待的详细安排（接待日程、接待人员名单、主要活动、日常迎来送往事务性工作）。

小贴士

接待规格

接待规格是从陪同领导的角度而言的。接待规格过高，影响领导的正常工作；接待规格过低，影响上下左右的关系。

高规格接待：主要陪同人员比来宾的职位要高的接待。如上级领导派工作人员来了解情况，传达意见，兄弟企业派人来商量要事等，需高规格接待。

低规格接待：主要陪同人员比客人的职位要低的接待。如上级领导或主管部门领导到基层视察，只能低规格接待。

对等接待：主要陪同人员与客人的职位同等的接待。这是最常用的接待规格。

（二）热忱待客

1. 奉茶

视频：奉茶礼仪

奉茶时，请以托盘端出，托盘约与胸部同高。应依职位高低顺序端给客人，再依职位高低端给公司同仁。一般应为先客后主、先女后男、先长后幼。

上茶时，先将托盘轻放在桌上，眼、口、手三合一。双手端茶，从右方奉上，眼睛注视被奉茶者，面带微笑地说："这是您的茶，请慢用。"尽量不要用一只手上茶，尤其不能只用左手。切勿让手指碰到杯口。为客人倒的第一杯茶，通常不宜斟得过满，以杯深的 2/3 处为宜。

2. 引导

引导是指迎宾人员陪同来宾前往目的地。一般情况下，由接待单位的接待人员、礼宾人员专门负责引导，或是由接待方与来宾对口单位的办公室人员负责引导。

（1）行路。与客人并排行进时，内侧高于外侧，中央高于两侧，一般让客人走在中央或内侧；与客人单行行进时，即一条线行进时，标准的做法是：位于后方，以前方为上，如果没有特殊情况，应该让客人在前面行进。若陪同对象不认识道路，或道路状态不佳，则由陪同人员在左前方引导。引导者在引路时，走在道路、走廊的左侧，让客人走在路中央，应在客人左前两三步、侧转 130 度向着客人的角度走，配合客人的行走速度，并用左手示意方向，适当地做些介绍。途中注意引导提醒，拐弯或有楼梯台阶的地方应使用手势，并提醒客人"这边请"或"注意楼梯""有台阶，请当心"等。

（2）楼梯。上下楼梯时因为楼梯窄，并排行走会阻塞交通。没有特殊情况要靠右侧单行行进。引导客人上下楼梯的标准做法是：上楼梯时，客人走在前面，陪同者紧跟在后面；下楼梯时，陪同者走在前面，并适当将身体转向客人。楼梯中间的位置是上位，但若有栏杆，就应该让客人扶着栏杆走；如果是螺旋楼梯，则应该让客人走在内侧（见图 5-7）。上下楼梯时要提醒客人："请小心。"

图 5-7　引导客人上下楼

视频：楼梯引导礼仪

小贴士

陪同身着短裙女士上下楼礼仪

上下楼时，如果陪同接待的客人是一位女士又身着短裙，在这一情况下，接待陪同人员要走在女士前面，不要让女士走在前面。女士穿着短裙走在前面有所不便。

（3）电梯。当出入无人值守的升降式电梯时，一般宜请客人后进，引导者先进后出（见图 5-8）。进入有人管理的电梯时，引导者应后进后出（见图 5-9）。

图 5-8　引导者先进后出

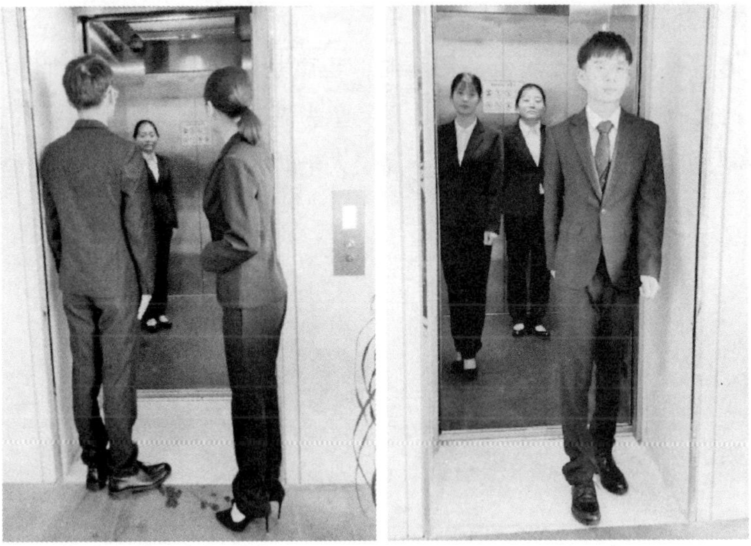

图 5-9　引导者后进后出

视频：电梯指引礼仪

（4）进门。无论进出什么样的门，总的原则是轻拉、轻推、轻关。引导人员一定要手口并用，应用手势要规范，同时要说“您请这边走”“请各位小心台阶”等提示语（见图 5-10）。

图 5-10　进门引导礼仪

如果门是朝里开的，引导者要先入内拉住门，侧身请客人进入；如果门是朝外开的，引导者应打开门，请客人先进；如果陪客人走的是旋转式大门，引导者要先迅速过去，在另一边等候。

（5）乘车。若引导者与来宾同行，宾主不同车，一般是引导者的车在前，来宾的车在后；宾主同车时，来宾先上后下，引导者先下后上。

轿车里的位次大体上有三种情况。公务用车时，也就是当驾驶司机是专职司机时，上座为后排右座。在社交应酬中，当主人开车时，上座为副驾驶座，表示平起平坐（见图 5-11）。接待重要客人如高级领导、重要企业、高层人士时，上座为司机后面的座。

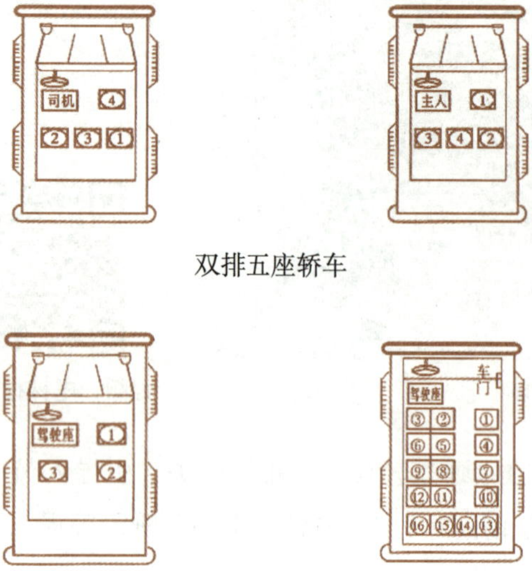

图 5-11　乘车位次

视频：开车门护顶礼仪

> **小贴士**
>
> ## 乘车的其他礼仪
>
> 在接待中，除了注意车辆的正确座次排列，还需要把握以下几点：
>
> （1）乘坐主人驾驶的轿车时，最重要的是不能让前排空着。一定要有一个人坐在那里，以示相伴。
>
> （2）由专人驾驶车辆时，副驾驶座一般也叫随员座，坐于此处者多为随员、译员、警卫等。从安全角度考虑，一般不应让女士坐于副驾驶座，孩子与尊长也不宜在此座就座。
>
> （3）必须尊重嘉宾本人对轿车座次的选择，嘉宾坐在哪里，哪里即是上座。
>
> （4）穿短裙的女士上下车最好采用背入式、正出式，即上车时双腿并拢，背对车门坐下后再收入双腿；下车时正对车门，双脚着地后再移身车外。

（6）合影留念。有来宾访问，一般都要合影留念。拍摄合影时，一般主人居中，按照国际惯例，主人右侧为第一主宾位置，左侧为第二主宾位置。双方人员相间排列，注意两端的位置不要留给来宾（见图 5–12）。

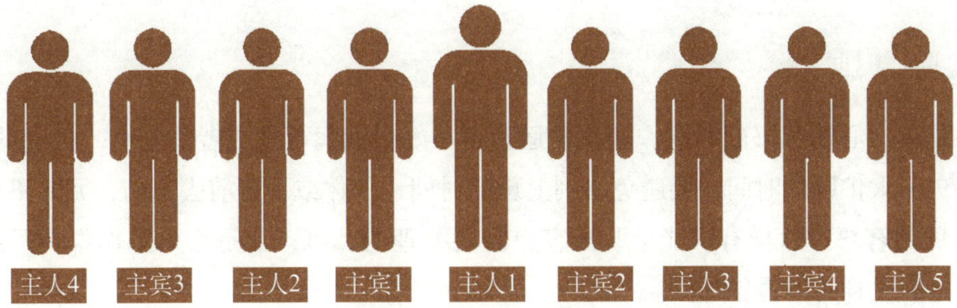

图 5–12 合影位次

（三）礼貌送客

“出迎三步，身送七步”，是迎送宾客最基本的礼仪。每次见面结束，都要以将“再次见面”的心情来恭送对方回去。

当客人提出告辞时，要等客人起身后再站起来相送，切忌没等客人起身，自己先于客人起立相送，这是很不礼貌的。

当客人起身告辞时，接待人员应马上站起来，主动为客人取下衣帽，帮他穿上，与客人握手告别，同时选择最合适的言辞送别，如“希望下次再来”等礼貌用语。尤其对初次来访的客人更应热情、周到、细致。

若客人带有较多或较重的物品，送客时应帮客人代提重物。与客人在门口、电梯口或汽车旁告别时，要与客人握手，目送客人上车或离开，要以恭敬真诚的态度，笑容可掬地送客，不要急于返回，应鞠躬挥手致意，待客人移出视线后，才可结束告别仪式。

送客礼仪规范如表 5–1 所示。

表 5–1 送客礼仪规范

告别地点	行为表现
送至会议室或者办公室门口、服务台边	宜说“对不起，失陪”，目送客人走远
送至电梯门口	点头为礼，目送至电梯门关闭为止
送至大门口、汽车旁	招手为礼，待客人走远后返回公司

三、拜访礼仪

拜访又叫拜会，是指前往他人的工作单位或住所去会晤、探望对方，进行接触与沟通。按拜访的地点不同，拜访可分为工作场所拜访和其他场所拜访。地点不同，礼仪要求也不尽相同。

（一）工作场所拜访的礼仪

1. 选择时间

一是客户心情很好的时候，如公司运营得很好，利润可观或者是刚出一批货的时候；二是客户不太忙碌的时间，要避免在刚上班的时间、午休或下班前去拜访，尤其不要在下班前去拜访客户，这样有可能会耽误客户需要办理的私事；三是客户工作告一段落的时间，这是前去拜访的最佳时段。

小贴士

拜访时间禁忌

拜访的时间尽量不要安排在对方业务繁忙的时间或生理倦怠期，如一般单位周一通常会比较忙，而周五一些人已经在为即将到来的周末做准备，拜访如安排在这些时间，会给对方带来不便。

2. 有约在先

约定拜访时间是拜访的第一步。在与客户约定时间时，要以客户的时间为准，在客户方便的时候拜访，可以充分体现出对客户的尊重，这样在未见面时就会先给客户留下较好的印象。

除了确定拜访日期和时间，还应告知对方将要商谈事情的概要，避免到时重点不明，浪费彼此时间；要将己方前往访问的人数、姓名、职位等告诉对方，以便对方合理安排会客室等。

3. 准备物品

拜访前一天就应准备好文件资料、名片及必要的笔、纸张等用品，以免出发前手忙脚乱或丢三落四。

还可准备一些并不贵重的小礼品，合适的礼品能体现诚意，让对方产生好感，有利于接下来的交谈。

4. 确认拜访

拜访前应打电话再次确认，特别是在预约时间离会面时间比较久的情况下。应该在约定时间的前一天打电话加以确认，避免对方因业务繁忙而忘记约会，也可给对方留下细致有礼的好印象。

5. 修饰仪表

整洁干净的仪表，表达的是对客户的敬意和自重，同时也可表明自己对拜访的重视。衣着要大方得体，表现出良好的精神风貌，一般办公室或商务活动等正式场合，要求穿正装。

6. 如约而至

宾主双方约定了具体的会面时间，拜访者应该按照约定时间如约而至。如果确有特殊原因导致拜访不能成行，应及早向客户致歉并说明原因，取得客户谅解，避免打乱客户的安排。

在进入访客所定地点之前，要做好以下自我检查工作：首先，重新确认是否带齐了谈话中可能涉及的资料；然后，确认资料摆放的顺序在出示时是否方便。见面后第一个环节就是彼此交换名片，此时应再次确认名片是否准备妥当。

小贴士

拜访特殊情况处理

如果确实有紧急的事情，要及早通知拜访的对象，说明原因并争取对方的谅解，尽量不要用诸如堵车、生病、家里有事等理由，也不要过早到达，这会造成因客户没有做好准备或还忙于其他事情的尴尬情况发生。

7. 进门守礼

不能闯入别人的工作场所，不管是否开着门，都要先轻敲房门2～3次，得到允许方可入内。

如果对方正在开会或有其他客人来访，应该自动退在门外等候，而不应该进去站在一旁或在门口走来走去，妨碍他人。

如果初次拜访，应向接待人员自我介绍或向接待人员递名片，请求与会见者见面。

如已事先约定，应提及双方约会之事，让接待者明白来意。

8. 适时请辞

拜访时间不宜过长，一般控制在15分钟至半小时。

见客户有倦意或流露出“厌客”之意，应知趣地果断告辞。

如果客户请留下用餐，那么餐后不宜马上离开，应在饭后留一会儿再走。告辞时，要真心诚意地跟客户说：“感谢你们今天的招待，耽误你们的时间了！”

告辞时，如果有其他客人在场，也要和他们一一告别。出门后请客户留步，不必远送。握手道别时，可说“拜托了”“谢谢了”“麻烦了”“留步”“再见”等礼貌用语。

如有意邀请客户回访，可在与客户告别握手时提出邀请。

9. 过后感谢

好的结束和好的开始同样重要，拜访过后的一封感谢函，有利于给对方留下好印象，为将来的合作打下良好的基础。

工作场所拜访礼仪如图 5-13 所示。

图 5-13　工作场所拜访礼仪

（二）做客拜访的礼仪

做客拜访是日常生活中最常见的交际形式，也是联络感情、增进友谊的一种有效方法。做客拜访的礼仪规范如表 5-2 所示。

表 5-2　做客拜访的礼仪规范

拜访节点	拜访礼仪
拜访前	➢ 约定时间，以免扑空或打乱对方的日程安排。约定时间后，不能轻易失约或迟到。 ➢ 如因特殊情况不能前去，一定要设法通知对方，并表示歉意。
到达时	➢ 先轻轻敲门或按门铃，当有人应声允许进入或出来迎接时方可入内。敲门不宜太重或太急，一般轻敲 2～3 下即可。 ➢ 切不可不打招呼擅自闯入，即使门开着，也要敲门或以其他方式告知主人有客来访。

续表

拜访节点	拜访礼仪
进门后	➢ 随身带来的外套、雨具等物品应搁放至主人指定的地方，不可任意乱放。 ➢ 对室内的人，无论认识与否，都应主动打招呼。 ➢ 主人端上茶来，应从座位上欠身，双手捧接，并表示感谢。 ➢ 吸烟者应在主人敬烟或征得主人同意后，方可吸烟。 ➢ 和主人交谈时，应注意掌握时间。有要事必须与主人商量或向对方请教时，应尽快表明来意，不要东拉西扯，浪费时间。
告辞时	➢ 告辞前，应该对主人的友好、热情等给予适当的肯定，并说一些“打扰了”“添麻烦了”“谢谢”之类的客套话。如果必要，还可以说些诸如“这两个小时过得真快”“和您说话真是一种享受”“请您以后多指教”等话。 ➢ 如果主人出门相送，拜访者可以说“请留步”之类的客套话，主动向主人伸出手相握，以示告别。

小故事

三顾茅庐

东汉末年，刘备为了成就大业，留心寻找人才。他听从司马徽和徐庶的建议后，专程到隆中去请诸葛亮出山辅佐。恰巧诸葛亮这天出去了，刘备只得失望地回去。不久，刘备又和关羽、张飞冒着大风雪第二次去请诸葛亮。不料诸葛亮又外出了。张飞本不愿意再来，见诸葛亮不在家，就催着要回去。刘备只得留下一封信，表达自己对诸葛亮的敬佩和请他出来帮助自己挽救国家危险局面的意思。过了一些时候，刘备准备再去请诸葛亮。关羽说诸葛亮也许只是徒有虚名，未必有真才实学，不用去了。张飞却主张由他一个人去请诸葛亮，如果他不来，就用绳子把他捆来。刘备把张飞责备了一顿，又和他俩第三次拜访诸葛亮。到时，诸葛亮正在睡觉。刘备不敢惊动他，一直站到诸葛亮醒来，才坐下与他谈话。三顾茅庐也成为中国历史上诚心求贤的典范。

百礼齐鸣

作为一位负责接待的工作人员，你将如何得体地劝说并接待一位吸烟的客户？

任务三 如何运筹职场沟通

见微知礼

微课：如何运筹职场沟通

案例导入

大学刚毕业的小王业务能力很强，入职不久就被领导委以重任。可是，上个月小王被直属领导批评了，还扣了月度的绩效奖金。原因不是小王的工作业绩差，而是他犯了一个职场上很忌讳的错误。

事情大概是这样的。小王做了一个项目设计改进方案，有一天他路过分管副总的办公室，被领导叫住谈话，就趁着这个难得的机会把自己的设计方案向副总汇报了一下，并诚恳地请副总多提修改意见。副总一听很高兴，对小王的方案很认可，并立马让他启动方案，还通知小王的部门直属领导要全力配合。

这件事让小王的直属领导很不开心。他对小王的设计方案提出各种质疑，不仅认为方案内容考虑不周全、没有很好的可行性，而且以部门人手吃紧、难以调配为由，对小王方案的启动不予支持。其实，他最大的不满就是小王事先没跟他沟通，就做了越级汇报，没有给予直属领导应有的尊重。

因为这件事，小王和直属领导的关系一下子跌入了谷底。

分析：

越级沟通是一种违反既有流程与制度的行为，打破了正常的信息传递路径，违背了工作中、项目中的沟通原则，也许在一定程度上能提高沟通效率，但更可能因此而破坏组织、团队的氛围，影响上下级关系，阻碍信息的正常流动。因此，越级沟通在原则上是不被允许和提倡的。

职场沟通礼仪是工作时与领导、同事、客户之间礼貌、愉快共事的方法（见图 5-14）。

向上沟通	向下沟通	水平沟通
• 尊重领导	• 尊重下属	• 尊重同事
• 听从指挥	• 善于“纳谏”	• 相互关心
• 当好助手	• 宽待下属	• 平等诚恳
• 讲究方法	• 平易近人	• 讲求协作
• 切忌越位	• 尊重人才	• 适当让利

图 5-14　职场沟通礼仪

一、与上级相处的礼仪

（一）尊重领导

作为下属，应当维护领导的威望和尊严，时时、处处、事事都应以恭敬之心相待。在领导面前应有谦虚的态度，不能顶撞领导。在公开场合尤其应该注意，即使与领导的意见相左，也应在私下向领导说明情况。

（二）听从指挥

一个组织的正常运转是通过上传下达、令行禁止维持的，上下级要保持正常的领导与被领导的关系。领导对下属有工作方面的指挥权，对领导在工作方面的安排、指挥，下属必须服从。

（三）当好助手

在日常工作中，认认真真、尽心尽力做好自己的本职工作，就是对上级最好的支持、配合与回报。对领导的工作不能求全责备，而应多提建议、建言献策，帮助领导做好工作，不要在同事之间随便议论领导、指责领导。

（四）讲究方法

在工作中给领导提建议时，一定要考虑场合，注意维护领导的威信。给领导提建议一般应注意两个问题：一是不要急于否定领导原来的想法，而应先肯定领导的大部分想法，然后有理有据地阐述自己的见解；二是要根据领导的个性特点确定具体的方法，如对严肃的领导可用正面建议法，对开朗的领导可用幽默建议法，对年轻的领导可用直言建议法。

（五）切忌越位

在工作上不能超越自己的权限，不能越俎代庖，否则会给工作造成困扰。下属应认清自己在工作中的位置，尽可能地帮助上级排忧解难，识大体、顾大局。

视频：汇报礼仪

二、与下属相处的礼仪

（一）尊重下属

下属具有独立的人格，领导不能因为在工作中与其具有领导与服从的关系而损害下属的人格，这是领导最基本的修养和对下属最基本的礼仪。

（二）善于“纳谏”

领导应当采取公开的、私下的、集体的、个别的等多种方式，听取下属的意见和建议，了解下属的愿望，这样既可以提高领导的威信，又可以防止上下级关系紧张。

（三）宽待下属

领导应心胸开阔，对下属的失礼、失误应用宽容的态度对待，尽力帮助下属改正错误，而不是一味打击、处罚，更不能记恨在心，挟私报复。

（四）平易近人

作为领导，除权力外，还应有自己的人格魅力，如良好的形象、丰富的知识、优秀的口才、平易近人的作风等，这些都是与领导的权力没有必然联系的自然影响力。

（五）尊重人才

领导不可能在各方面都表现得出类拔萃，而下属在某些方面也必然会有某些过人之处。作为领导，对下属的长处应及时地给予肯定和赞扬。这样做可以进一步激发下属的工作积极性，更好地发挥他们的才干。相反，如果领导嫉贤妒能，压制人才，就会造成领导和下属的关系紧张，不利于工作的顺利开展。

小贴士

“南风”法则

领导者在管理中运用“南风”法则，就是要尊重和关怀下属，以下属为本，多点人情味，使下属真正感觉到领导者给予的南风般的温暖，从而丢掉包袱，激发工作的积极性。

三、与同事相处的礼仪

（一）尊重同事

同事关系不同于亲友关系，它不是以亲情为纽带的社会关系。亲友之间一时的失礼，可以用亲情来弥补，而同事之间的关系是以工作为纽带的，一旦失礼，创伤难以愈合。处理好与同事之间的关系，最重要的是尊重对方。尊重同事，还包括尊重同事的隐私。隐私与个人的名誉密切相关，背后议论他人的隐私，会损害他人的名誉，引起双方关系的紧张甚至恶化。

（二）相互关心

真正的好同事，应该是风雨同舟、荣辱与共的。但是，关心的极限是不得干涉他人的私生活，不对对方的行为进行干扰或妨碍。不管是在工作中还是生活上，同事若有难处，应予以体谅理解，并尽力帮助。这样会增进双方之间的感情，使关系更加融洽。

（三）平等诚恳

同事之间的关系应如君子之交，不能失信于人，伤害同事。与许多同事一起时，应不偏不倚，不能在同事中支持一些人，孤立一些人，甚至打击一些人，搞宗派之分，挑起同事之间的矛盾。

（四）讲求协作

一件工作往往需要多方的协作才能做好，在办公室中一定要齐心协力、相互协作、互相支持。自己的工作一定要克己奉公，不能推卸责任。需要帮助时，要与同事商量，不可强求；对方请求帮助时，则应尽己所能真诚相助。对年长的同事要多学、多问、多尊重，对比自己年轻的同事则要多帮助、多鼓励。这样才能建立一个团结、文明的办公环境。

（五）适当让利

过于计较自己的利益，难免会引起同事的反感。如果以一种豁达的处世态度与同事相处，就会赢得好感，增加人格魅力，会带来更多的“回报”。

总之，职场沟通的原则就是：尊重为本，沟通为要，规范为先，氛围为上。

小故事

与其改变别人，不如改变自己

有一天，有只乌鸦向东方飞去，在途中，它遇到一只鸽子，大家停下来休息。

鸽子非常关心地问乌鸦："乌鸦，你要飞到哪里去呀？"乌鸦愤愤不平地回答："鸽子老弟，这个地方的人都嫌我的声音难听，所以我想飞到别的地方去。"鸽子听后，赶快告诉乌鸦："乌鸦老兄，你飞到别的地方还是一样有人讨厌你，你自己若不改变声音和形象，到哪里都没有人欢迎你的。"

视频：沟通礼仪

视频：接机礼仪

百礼齐鸣

当你在工作中被上级严厉批评或指责时，你是如何控制自己的情绪、不失风度地跟上级进行沟通的？

项目实施

项目分解	活动安排	任务内容	项目成果
企业调研	集体活动，校内教师安排	通过电话、电子邮件等方式，采访书香服务股份有限公司相关领导和负责人，了解新晋管培生在工作方面存在的不足和问题，以及公司培养要求和目标；采访部分新晋管培生，了解他们在工作中遇到的困难和自我提升的措施。	访谈记录、调研报告（可选）
案例分析	分组活动，校企教师共同指导	根据调研资料进行梳理，对新晋管培生近期在办公室工作、职场沟通、客户接待和拜访中存在的问题进行案例分析，师生共同探讨解决方案。	案例分析报告
情境展示	分组策划，校内教师指导	创设新晋管培生在职场活动中的场景，角色代入、情境模拟，着重展示个人在职场中的形象塑造，办公室工作中礼宾和拜访的流程规范，与上级、客户、同事沟通的技巧和方法。	现场展示、视频展示（可选）

项目评价

考核项目	考核内容	分值	自评（20%）	小组（40%）	教师（40%）	得分
企业调研	准备充分，目标明确，深入分析，结果客观	20				
案例分析	内容全面，要点突出，具有典型性	20				
情境展示	情境合理，表现大方，礼仪规范，准确到位	30				
工作态度	参与度、积极性	10				
团队合作	分工与合作情况	10				
创新创意	原创性、新颖性	10				
					总　分	

项目拓展

一、知书达礼

1. 单选题

（1）参加面试时通常讲究准时赴约，下列各项在准时赴约中的做法不妥当的是（　　）。

A. 资料准备齐全　　B. 礼貌进门

C. 按时到达　　D. 等候时要多与别人交谈

（2）对于求职者参加面试时的礼仪，下列描述不妥当的是（　　）。

A. 不作空洞的慷慨陈词　　B. 要善于打破沉默

C. 要有比较明确的职业发展规划　　D. 主动与面试官"套近乎"

（3）办公室礼仪中要注意的礼节有很多，下面哪种不属于忌讳的范围？（　　）

A. 在办公的时候打扮自己

B. 借用同事的办公物品

C. 向同事谈论自己的功绩经历

D. 办公时看小说等与工作无关的资料

（4）办公室是我们工作的主要场所，因此，处理好办公室里的关系，有一个良好的工作环境很重要，以下办公室里的行为不符合商务礼仪的是（　　）。

A.“时间就是生命”，因此守时是很重要的

B. 在办公室里应爱惜办公用品，用完后应妥善处理，以方便下一个人使用

C. 不要谈及私人问题

D. 午睡时不要打扰到别人，所以可以不用锁门，免得弄出声音

（5）下列奉茶礼仪中不正确的一项是（　　）。

A. 依季节选择适合的茶饮

B. 要先给主宾和他的同事奉茶，最后给本公司的人员奉茶

C. 加水时，尽量不要移动茶杯以免产生干扰

D. 杯缘勿以手指拿捏

（6）进入无人管理的电梯时，引导人员的进出次序是（　　）。

A. 先进先出　　B. 先进后出　　C. 后进先出　　D. 后进后出

（7）引导来宾进入有人管理的电梯时，引导人员应该（　　）。

A. 先进后出　　B. 后进先出　　C. 先进先出　　D. 后进后出

（8）下楼时，引导人员应走在客人的（　　）。

A. 左侧前方　　B. 左侧后方　　C. 右侧前方　　D. 右侧后方

（9）客户来访时，如果乘坐专职司机驾驶的轿车，应安排客户坐在什么位置？（　　）。

A. 后排左座　　B. 后排中间座　　C. 后排右座　　D. 副驾驶座

（10）当乘坐双排五座轿车，由主人驾车时，哪个座次最高？（　　）

A. 副驾驶座　　B. 后排靠左　　C. 后排中间　　D. 后排靠右

2. 多选题

（1）求职面试礼仪包括（　　）。

A. 恰当的自我介绍　　B. 得体的称呼

C. 真诚的交谈　　D. 准时赴约

（2）在求职交谈中需要引起注意的是（　　）。

A. 口齿清晰，语言简练易懂　　B. 交谈时的语速、语气及谈话主题

C. 倾听主试官的谈话　　D. 不懂的问题直言不懂

（3）同事之间应（　　）。

A. 平等相处

B. 保持友好的合作关系

C. 尽量做到相互包容和体谅

D. 不在背后议论同事，不说不利于团结的话，不损害他人的名誉

（4）接待客户时，主方人员不可以（　　）。

A. 告辞时先伸手握手　　B. 频频看表

C. 不停接打电话　　D. 频繁发问

（5）送行时主要的礼节要求包括（　　）。

A. 要与来宾亲切交谈　　B. 要向来宾挥手致意

C. 要与来宾握手作别　　D. 要注意自己的退场

二、躬行践礼

1. 根据自己所学专业和工作岗位，为自己制作一份要素齐备、内容完整、排版精美的简历，以小组为单位，设计面试问题，以班级为单位举办一次招聘活动，要求“面试官”对“求职者”的应聘礼仪进行全面评估。面试评分如表 5-3 所示。

表 5-3　面试评分表

考生序号			性别		面试岗位		
测评要素		仪容仪表	语言表达	综合分析能力	沟通能力	岗位适配性	应变能力
分值		15	10	20	15	20	20
观测要点		1. 仪容仪表是否大方得体、符合岗位要求； 2. 行为举止是否大方自然、规范从容。	1. 能针对不同的听众准确表达，便于理解、接受； 2. 用词准确，表达流畅，有感染力、说服力。	1. 对事物能从宏观和微观方面进行考虑； 2. 能注意整体和部分之间的相互关系及各部分之间的有机组合。	1. 准确理解他人； 2. 清晰表达自我； 3. 有效影响他人。	1. 兴趣动机与岗位的匹配情况； 2. 成就动机（认知需求、自我提高、自我实现）与岗位的匹配情况。	1. 迅速反应； 2. 抓住需要解决的问题； 3. 选择合适的办法解决问题。
等级	好	12～15	8～10	16～20	12～15	16～20	16～20
	中	8～11	6～7	12～15	8～11	12～15	12～15
	差	0～7	0～5	0～11	0～7	0～11	0～11
要素得分							
备注							
						考官签字：	

2. 为感谢公司高端客户长期以来的支持与厚爱，加深彼此间的合作与友谊，书香服务股份有限公司将于元旦举办尊享酬谢晚宴。请为此次活动撰写接待方案。

三、品礼鉴仪

中国的方圆文化

方圆是中国文化中特有的概念，不仅集中体现了中国辩证哲学的奥义，也暗藏着古代大能贤士极力推崇的人生道德和处世之法。

黄炎培曾说："事闲勿荒，事繁勿慌；有言必信、无欲则刚；和若春风、肃若秋霜；取象于钱，外圆内方。""外圆"就是"和若春风"的智慧；"内方"是"肃若秋霜"的原则。而这其中的"取象于钱，外圆内方"是指中国旧时的铜钱。

中国现存最早的数学和天文学著作《周髀算经》中有"方属地，圆属天，天圆地方"的论述，这成为"天圆地方"宇宙学说的代表。

《易经》中将"天圆地方"进一步符号化了，乾为天，为圆，为动；坤为地，为方，为静。

儒家《大戴礼记·曾子天圆》中说："天道曰圆，地道曰方，方曰幽而圆曰明。"天道可以说是圆，地道可以说是方。方的地道幽静，圆的天道明动。

四、推荐阅读

《古人职场那些事儿》

作者　彭蛙民

本书依托中国古代名君、名臣、名将的事例，从"怎样成为解决问题的高手""怎样成为人脉管理的高手""有效打造你的个人品牌""怎样成为带团队的高手"四个方面出发，总结出四十条职场心法。

项目六

高品质做好会务服务

动画导课：知仪鉴礼，礼仪卒度——如何高品质做好会务服务

知礼学仪

服务的三重境界：（1）把分内的服务做精。分内的服务，指意料之中、情理之中的服务，即应该做好的服务、客户有需求也希望能提供的服务。（2）把额外的服务做足。额外的服务，指意料之外、情理之中的服务，也就是客户有需求，但是没有达到预期的服务，如各种增值服务、定制服务、针对个别客户的个性化服务等。（3）把超乎想象的服务做好。超乎想象的服务，指意料之外、情理之外的服务，即客户没有预期，甚至是"没有需求"的服务（或者是客户潜意识当中的需求）。如果这部分需求被满足，就超越了客户的期望，就会令客户感动，从而形成真正的客户忠诚。

学习目标

◎ 知识目标

掌握会务服务礼仪规范；

掌握会议与会人员礼仪规范；

了解新闻发布会、展会的礼仪规范。

◎ 技能目标

能够做好会前的接待和准备工作，做好会中礼仪服务，做好会后的反馈与总结工作；

能够根据主持人服务礼仪、会议发言人礼仪、与会人员礼仪规范在会议中充当不同角色；

能够根据不同会议的功能特点和礼仪规范，组织新闻发布会、展会等常见会议。

◎ **素养目标**

在会议活动中，展现出作为会务工作人员的礼仪服务水平和礼仪素质修养；

进一步提高会议组织协调能力、会务处理能力、语言表达能力、文字组织能力、临场应变能力，提高礼仪业务水平。

思维导图

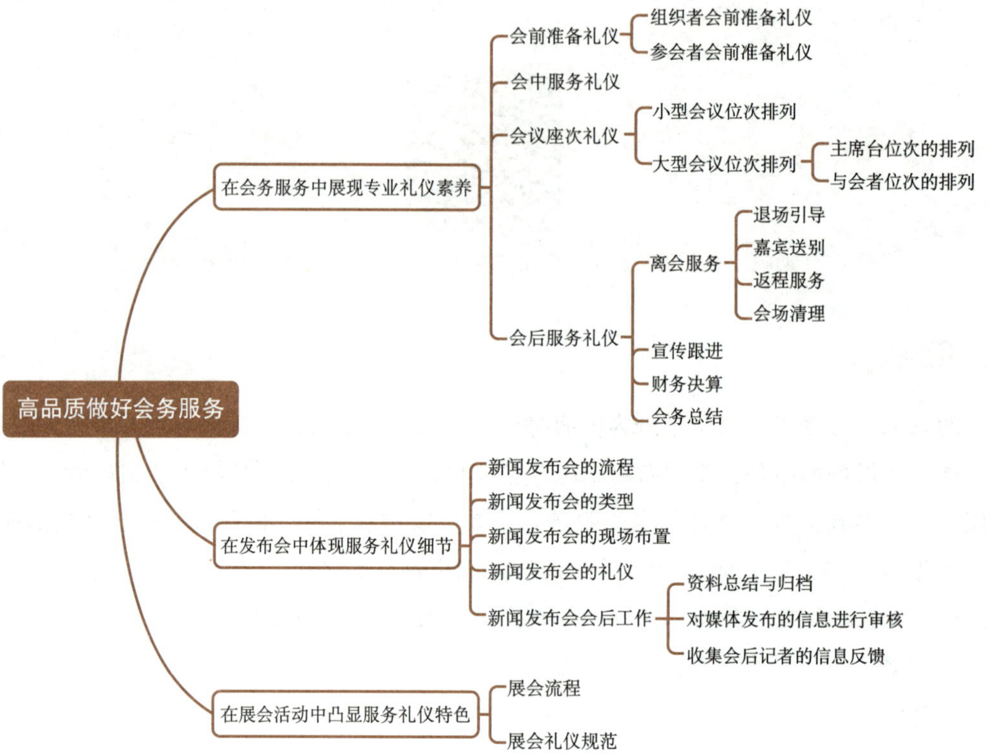

项目描述

市新一代民营企业家培养“新领航”计划训练营由市会议中心、书香服务股份有限公司提供会议服务。“新领航”计划训练营聚焦新一代民营企业家健康成长，整合“政、产、学、研、资”跨界资源，搭建高质量互动式学习平台，特邀院士、学者、行业专家创新多元化教学方法与立体跨界知识融合，着力提升企业家战略认知力、传承创新力、团队管理能力与全球视野，加快培育一支政治上有方向、经营上有本事、责任上有担当、文化上有内涵、创新创业有活力的新一代民营企业家队伍。

首期训练营培训为期一年。训练营学员由来自各县级市（区）的近百名优秀青年企业家组成。为提升“新领航”计划的影响力，市委宣传部特召开了相关新闻发布会。培训期间，部分民营专精特新“小巨人”企业还将举办新能源小型展会。市会议中心、书香服务股份有限公司把首期训练营培训的会务服务工作作为年度重点工作之一，提前谋划精部署、落实责任精组织。

任务清单

礼修于心，仪养于行——在会务服务中展现专业礼仪素养

有礼有节，情礼兼备——在发布会中体现服务礼仪细节

丝丝入礼，环环扣礼——在展会活动中凸显服务礼仪特色

任务一 在会务服务中展现专业礼仪素养

见微知礼

微课：在会务服务中展现专业礼仪素养

案例导入

8月18日，广发公司举办经营研讨会，特邀在广发不同领域卓有建树、经验丰富的广发家人，共同为“新人们”打造专属成功秘籍，通过榜样的力量，进一步与团队融合，更好地成就广发事业。本次大会预计有上百家加盟伙伴到场参会、学习。为此，公司以数字化技术赋能会议举办，进一步优化会议服务，提供掌上微站、智慧通知、现场签到制证以及手持机用餐签到等服务功能，希望让每位与会者都能有宾至如归的体验。

当天，会议即将开始，却还有一半嘉宾没到现场。一个嘉宾满头大汗地冲进会场，一边道歉一边笑着抱怨：“你们找的这个地方停车场太小，车都在门口堵着呢，我开出去好远才找了个地方停下来。”

原来，会务组在筹备会议时，将主要精力放在了如何通过数字化技术实现更高效、便捷和个性化的办会体验上，并没有安排专人维持停车秩序，也没有在会议通知中提醒大家停车场小，尽量乘坐公共交通工具。结果，当天会场外的停车场出入

口被堵成了一锅粥，想出的出不去，想进的进不来。最后，在多方协助下，费了好大力气，才把停车场秩序疏导好，但还是有不少嘉宾的车停到了很远的地方。等人都到齐后，会议开始时比原计划已经晚了半个小时。

由于天气炎热，很多与会者穿着都非常随意，有穿休闲 T 恤、沙滩裤的，有穿拖鞋的，整个会场乱糟糟的，严重影响了会议的预期效果。

分析：

会前筹备，包含会议主题的拟定、会议亮点的提炼、会议场地的考察敲定以及会议日程等。如果会场外完全不具备停车条件，那就应提前通知参会单位，会场无法停车，请乘坐公共交通工具；如果会场外停不下车，但不远的地方有空地，那就应把空地划为停车区域，安排好停车场和会场之间的摆渡车；如果会场停车条件不错，那就应请保卫部门或会务服务方安排人手，规划车位，引导车流并确保停车秩序。随着会期临近，会务组织者应深入会场、住地，根据大会日程逐一对会务细节进行实地演练。另外，在会议通知中，对与会人员的着装和形象也要有明确规定，保证会议的严肃性和正式性。

会议是一种重要的现代管理手段，是布置工作、洽谈商务、沟通交流的重要方式。会务服务是传递给与会者的第一张名片。高品质的会务服务应根据不同类型、级别的会议进行会议服务准备工作，力争做到周密布置，服务到位；应根据服务项目特点，制订详细的会务工作计划，列出会议服务准备要点，保障会议服务工作质量。

一、会前准备礼仪

会前准备是会议活动的重要环节。会前准备要细致、周全，防止因疏漏而影响会议的有序进行。

（一）组织者会前准备礼仪

会场布置如图 6–1 所示，会前准备礼仪如表 6–1 所示。

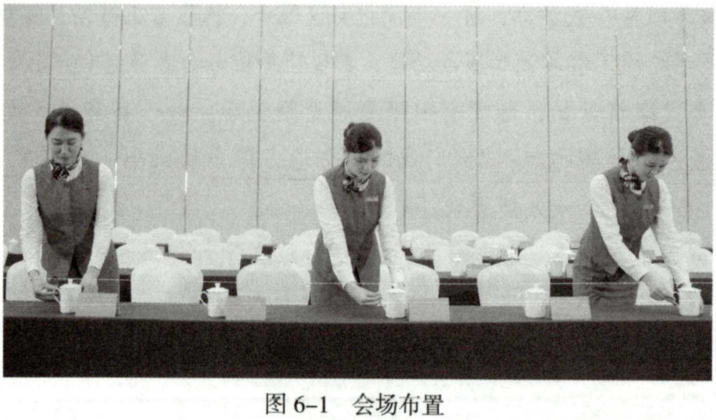

图 6–1　会场布置

表 6–1　会前准备礼仪

会前准备礼仪类型	具体内容
发放会议通知、邀请函礼仪	1. 及时发送会议通知函，并多方查证，确保本人收到。 2. 会议通知要告知会议详情，包括日程安排、路线、联系方式等，以便参会者合理安排时间。 3. 通过回执的形式确认是否参会。 4. 向会议参加者发出正式邀请函，并在邀请函中表达真挚的邀请之意和真诚的感谢之情。 5. 与会议主要参加者保持密切联系，确保对会议重视。
会场环境设计礼仪	1. 会场环境设计要体现人性化，会场要有明确而醒目的标识，标识的制作和选择要规范、一目了然。 2. 会场布局合理规范，空间适中，通风良好，干净整洁。 3. 会场要根据会议进行阶段配置适合的音乐，以调节气氛。 4. 会场的色调与色彩要协调，避免使用黑色和白色。 5. 会场桌椅应舒适、宽敞，避免产生狭窄的感觉。 6. 会场要提供茶水服务，添水时要先客后主，并准备茶歇。 7. 会场要提供会议材料、记录用纸、笔等材料。 8. 会场设备要良好，电脑、投影、音响等设备要效果好，避免出现故障，影响会议质量。
会议厅（室）布置礼仪	1. 会见厅的布置：会见厅的桌椅布局一般采用马蹄形，正中迎门位置放置两个或四个沙发，沙发间放置茶几；会见用的毛巾、茶具等要严格消毒、烫洗并封存。会场要全面、彻底地清洁（见图 6–2）。 2. 会谈厅的布置：使用长条桌或椭圆形会谈桌和扶手椅，并呈横一字形或竖一字形。贵宾和主人座位居中摆放，两侧空当略宽于其他。如双方人数不等，则双方主要领导人的座椅要对齐，其他两边匀称摆放。横一字形会谈桌，客人在面向正门一侧就座；竖一字形会谈桌，客人居右方，其他人按礼宾顺序左右排列（见图 6–3）。 3. 签字厅的布置：在厅室正面上侧，将两张长条桌拼拢呈横向排列，在桌面上铺墨绿色台呢。台呢铺正，下垂部分两端均等，里外两侧要求外边长里边短。签字台后面摆两把高靠背扶手椅，左为主方签字座位，右为客方签字座位。
餐饮安排礼仪	1. 将级别相当的人安排在一桌，一桌 8～10 人，工作人员另编一席，不能任意组合。 2. 可按任职时间长短、姓氏笔画多少为序来确定席中位置。 3. 编席时还要特别考虑就餐人员的民族问题，注意不同民族的饮食习惯，进行特殊安排。

续表

会前准备礼仪类型	具体内容
住宿安排礼仪	1. 住宿相对集中，有助于休会期间与会者的沟通和交流。 2. 对职务和级别高的与会者，要安排套房；对职务和级别较高的人员，应安排单人间；将同一单位人员相对集中安排；会议主要参加者的陪同随行人员，尽量安排在其房间附近；会议服务人员的工作休息房尽量安排在靠近入口或楼梯的位置，方便与会人员寻找和联络。

图 6–2　会见厅的布置

图 6–3　会谈厅的布置

视频：会务服务之会场布置礼仪

视频：会务服务之摆台礼仪

（二）参会者会前准备礼仪

参会者在会前要了解会议各项信息，做好充分的准备工作，这样才能在会场当中更好地展现个人的职业素养和职业形象。参加会议应按时到会，遵守会议纪律。会中，别人讲话时要认真听，并适时记录。在别人发言时，不说话，不随意走动，不做伸懒腰、打哈欠等一些失礼动作。会中尽量不离开，如果必须离开，应轻手轻脚，尽量不影响发言者与其他与会者；如需长时间离开或提前退场，应与会议组织者打招呼，说明理由，征得同意后再离开（见图 6–4）。

二、会中服务礼仪

会中服务要充分考虑礼仪细节（见表 6–2），让与会者有良好的体验，并保证会议的圆满举行。

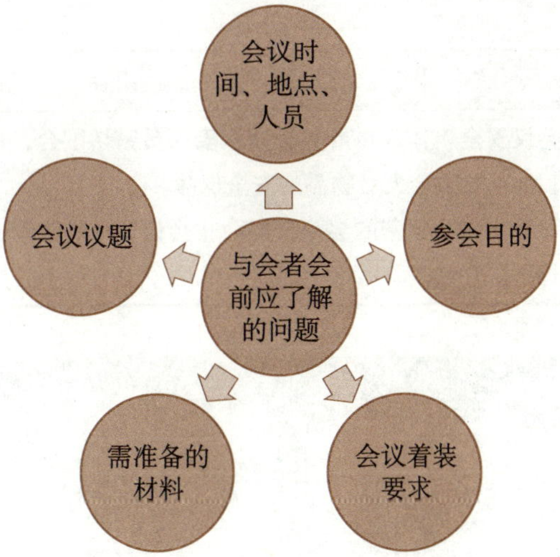

图 6–4　与会者会前应了解的问题

表 6–2　会中服务礼仪一览表

会中服务礼仪类型	具体内容
签到服务礼仪	会议服务人员应提前准备好签到和报到用物品，提前 30 分钟就位，并热情主动地为每位参会者提供服务，及时引导其签到和报到，领取参会证件、会议文件和纪念品等（见图 6–5）。
接待服务礼仪	1. 对参加会议的外地客人，应安排与其身份级别相当的人员提前到机场、车站前去迎接，不能迟到，必要时可安排欢迎队伍和专人献花，并用专车迎送。 2. 接到客人后，应问候并作自我介绍，相互认识，并递送名片。
引导服务礼仪	1. 指路时要面带微笑，准确使用引导手势。 2. 会议服务人员要熟悉场内区域座号，准确无误地为客人引座。 3. 会议结束后，会议服务人员要按照规范的礼仪要求在自己的岗位站立，并及时打开疏散通道，照顾和礼送参会者离开会议场所。
茶水服务礼仪	1. 会议开始前，会议服务人员应提前准备好茶具、茶叶和开水，并于开会前 15 分钟左右为会场内的茶具浸水沏茶，斟至杯的 1/3 即可，也叫温茶。 2. 与会者入场时，会议服务人员要站立在接待桌旁，双手交叉呈自然状态，放于腹前，并面带微笑，一并排开。与会者入座时，给每位与会者斟第一杯茶。 3. 会议进行时，会议服务人员要仔细观察与会者的饮茶情况，并及时续水。续水时使用统一的暖水瓶，随手带上毛巾，从空位处斟倒，左手将茶杯盖揭开翻放在桌上，再拿起茶杯撤离座位后约 20 厘米处斟开水，以防溅到与会者的身上。斟水以八分满为宜，然后将茶杯轻轻放回原处，再用小毛巾沾净茶壶外的水迹。

续表

会中服务礼仪类型	具体内容
安全和保密服务礼仪	1. 会议安全工作人员要和饭店保安人员密切配合，切实保障参会人员的人身安全，加强对参会人员物品的安全保障。 2. 对文字需要保密的会议，要防止会议文件的外泄，对会议所有文字材料，要进行严格管制。

图 6-5　签到服务

小贴士

商务会议的禁忌

（1）不可长篇大论，滔滔不绝（原则上以 3 分钟为限）；

（2）不可从头到尾沉默到底；

（3）不可取用不正确的资料；

（4）不要尽谈些期待性的预测；

（5）不可做人身攻击；

（6）不可打断他人的发言；

（7）不可不懂装懂，胡言乱语；

（8）讲话不要过于抽象；

（9）不可对发言者吹毛求疵；

（10）不可中途离席。

三、会议座次礼仪

（一）小型会议位次排列

面门设座，小型会议一般讲究面门为上，即主席台、主持人、发言人是面对会议室正门的。居中设座，即中央的位次高于两侧，因此在排列位次的时候，一般中间的位次高（见图 6–6、图 6–7）。一般强调可以自由择座，实际上就是不排位次。

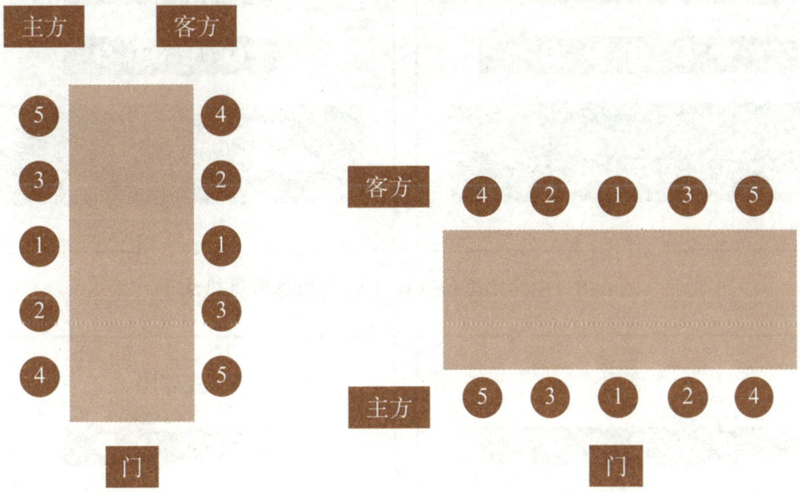

图 6–6　商务谈判座次安排

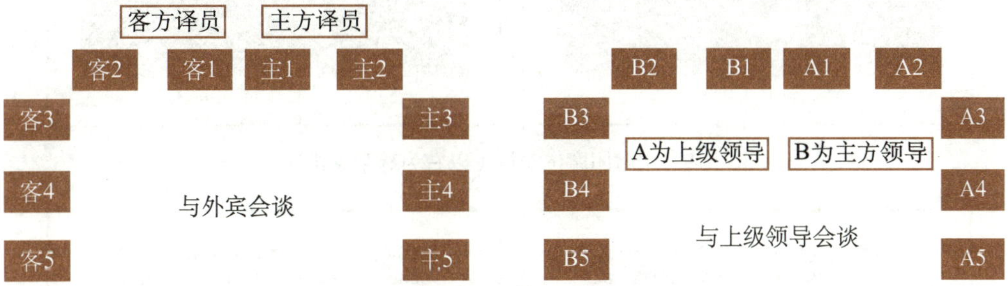

图 6–7　小型会议或商务洽谈座次安排

（二）大型会议位次排列

大型会议位次排列涉及两个方面：第一，主席台上位次的排列，包括主席团、主持人、发言人；第二，与会者位次的排列。

1. 主席台位次的排列

主席台位次的排列，国内外的做法差不多，首先是前排高于后排，其次是中央高于两侧，最后是中外有别。政务礼仪是按照左高右低，就是左侧的人的位置比右侧的人的位置高（见图 6–8）。涉外礼仪则是以右为尊（见图 6–9）。

主持人之位既可在前排正中，也可居于前排最右侧。

发言席一般可设于主席台正前方，或者主席台右方（见图 6–10）。

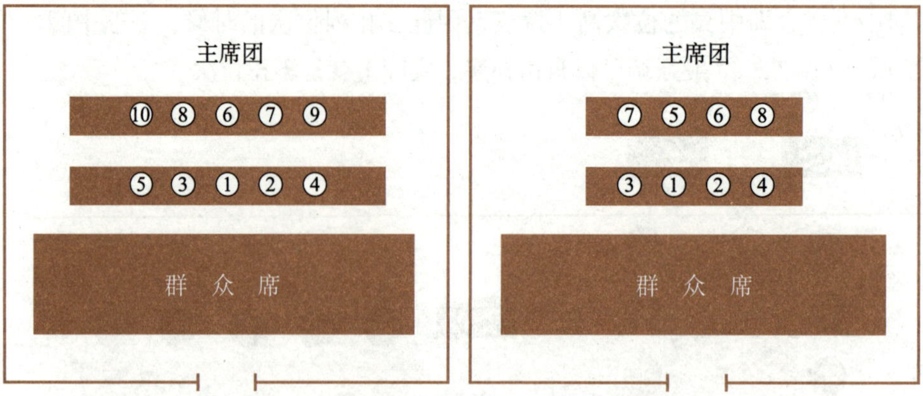

图 6–8　主席团席位安排（以左为尊常见排法）

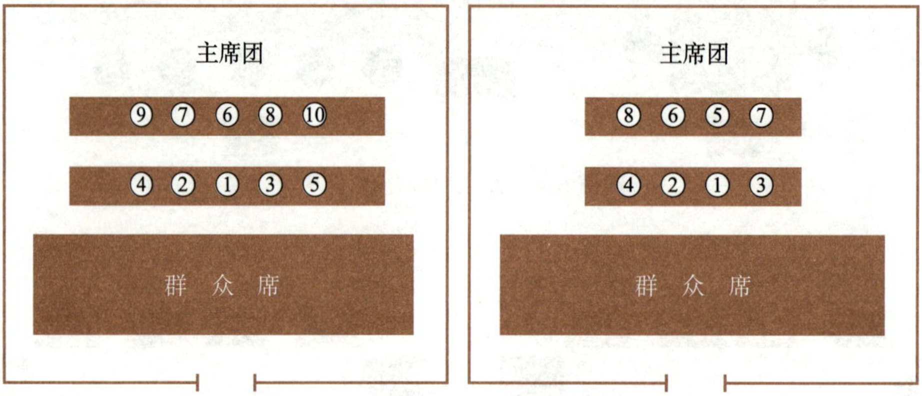

图 6–9　主席团席位安排（以右为尊常见排法）

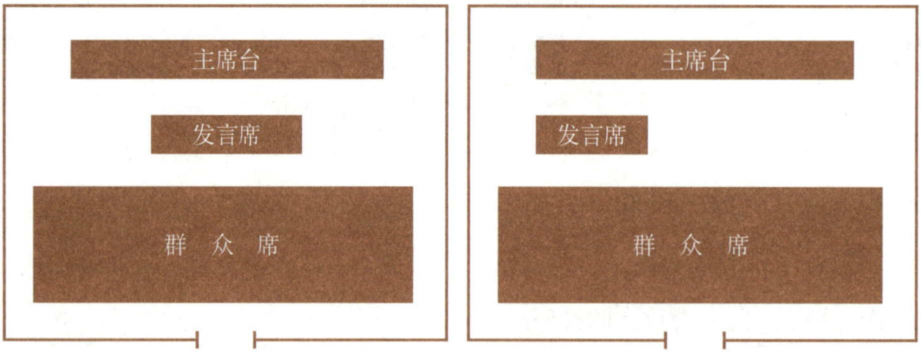

图 6–10　发言席位置排列

小贴士

座次安排的一般原则

（1）以右为上（遵循国际惯例）；

（2）居中为上（中央高于两侧）；

（3）前排为上（适用所有场合）；

（4）远门为上（远离房门为上）；

（5）面门为上（良好视野为上）。

2. 与会者位次的排列

参加会议的时候还有一个来宾的位置，就是群众席。群众席排列一般有两种办法：第一，自由择座；第二，划片就座。划片就座一般强调左高右低，是按照部门的约定的排列顺序或者按照拉丁字母的顺序，再或者按照汉字笔画的顺序，从进门方向的左侧向右侧排，这是竖排；还有一种是横排，从前向后排，这两种办法一般是交替使用的。

小贴士

高效会议原则

一、凡是会议，必有准备。

二、凡是会议，必有主题。

三、凡是会议，必有纪律。

四、凡是会议，会前必有议程。

五、凡是会议，必有结果。

六、凡是开会，必有训练。

七、凡是开会，必须守时。

八、凡是会议，必有记录。

九、凡是散会，必有事后追踪。

四、会后服务礼仪

（一）离会服务

为避免嘉宾产生“人走茶凉”之感，会议主办方一定要有始有终，做好嘉宾离会后的善后工作。

1. 退场引导

要开启所有退场通道，引导与会嘉宾及车辆有序离场，避免出现拥挤现象。

2. 嘉宾送别

嘉宾离场时，工作人员要热情地将其送到大门口、电梯口甚至送上车，协助其安放行李物品，待其乘车离开后再转身离去。

3. 返程服务

协助嘉宾订好返程交通票务。对外地嘉宾，安排好送行车辆，酌情将其送到机场、车站、码头，待其启程后再返回。对个别因工作需要仍需留在会议地的嘉宾，要协助安排好后续住宿事务。

4. 会场清理

会议结束后，要及时撤除会场的临时性布置，清点工具、用品，能再次使用的归库保管，租用的设备器材要及时退还，参会者遗漏的物品要物归原主。

（二）宣传跟进

会后要跟进新闻媒体发稿，并将相关报道内容收集、汇总、整理，交有关人员存档，跟进举办单位网站的信息更新工作，推动有关人员在相应专栏进行图文并茂的宣传展示。

（三）财务决算

会议结束后，应按会前经费预算进行会议开支财务决算。对会议所涉开支项目，如对会场布置及场租费、餐饮费、住宿费、交通费、嘉宾邀请费、宣传费、资料印刷费、设备租用费、礼品费、劳务费、杂费等一一进行核对、统计，对超出预算金额进行说明。

（四）会务总结

会务总结一般以开总结会的方式进行。全体工作人员参加会议，谈体会，总结经验教训，在总结中提升办会能力与水平。在开好总结会的基础上，要形成书面会务总结，并呈有关领导审阅，作为案卷归档。

会务服务礼仪如图 6-11 所示。

图 6-11　会务服务礼仪

百礼齐鸣

2022年北京冬奥会开幕式上的那些因微笑而出圈的小伙子，一定给你留下了深刻的印象吧！在巴赫讲话的时候，充当背景板的那些小伙子，他们的笑容，从始至终都很温暖，非常有感染力，看起来仿佛跟模特一般。从这样的笑容中，你感受到了什么？

任务二　在发布会中体现服务礼仪细节

见微知礼

微课：在发布会中体现服务礼仪细节

案例导入

20×× 年10月18日，第十七届中国品牌节（以下简称20×× 品牌节）第二次新闻发布会在浙江杭州吉利大厦举行。

新闻发布会上，据组委会介绍：

由品牌联盟主办的20×× 品牌节以“复苏与腾飞”为主题，活动包括开幕式、精品博览会、新品发布会、企业家运动会、荣耀盛典、亚运品牌行等丰富多样的主题内容。20×× 品牌节的规划可以用一系列关键数据概括：1场开幕式，汇聚2 000余位全国各地精英；9场重要活动，丰富嘉宾参与感、获得感；100家上市公司、三类500强企业齐聚现场；15 000平方米的精品展览会，10场新品发布会，展示中国品牌新势力；传播价值达1亿元，预计相关信息触达1亿人次，曝光总量达3亿人次。

20×× 品牌节举办期间，组委会将发布“20×× 世界品牌500强”“20×× 中国品牌500强”“20×× 中国品牌节华谱奖”“20×× 中国品牌专家500强”“20××

中国首席品牌官500强”“20×× 中国品牌节金谱奖”等一系列研究榜单，推动品牌建设成为企业高质量发展的重要抓手，提升中国品牌整体实力。

在宣传推广方面，20×× 品牌节将通过电梯广告、高铁站、地铁媒体、广播电台、头等舱杂志、城市地标灯光秀等总传播价值上亿元的大众媒体，大规模、全方位地进行预热宣传。届时，还将有包括中央媒体、海外媒体、当地媒体、行业垂直媒体在内的数百家媒体，对大会盛况、嘉宾印象和合作伙伴的资源特色、品牌成就等情况进行融媒体、多介质的传播，进一步提升合作伙伴和中国品牌节的品牌形象，推动更多项目落地杭州。

分析：

新闻发布会要吸引公众关注，首先在形式和内容上要引起媒体兴趣。在做新闻发布会策划之前，要对新闻媒体议程（媒体的采前会、编前会）、新闻传播途径、新闻话题设置、公众舆论走向、媒体运作机制有深刻的理解，同时对新闻发布会主办方所在行业背景、产业动向、竞争对手传播策略有透彻的分析和把握，这样才能策划出好的新闻事件，达到良好的传播效果。

发布会是一种对外公布信息、互动答疑的仪式。

一、发布会的流程

发布会现场会有大量媒体记者提问。因此，发言人要经过现场专项训练及前期充分准备，提前针对发布会的形式进行模拟操练，维持好现场气氛。发布会流程如图 6–12 所示。

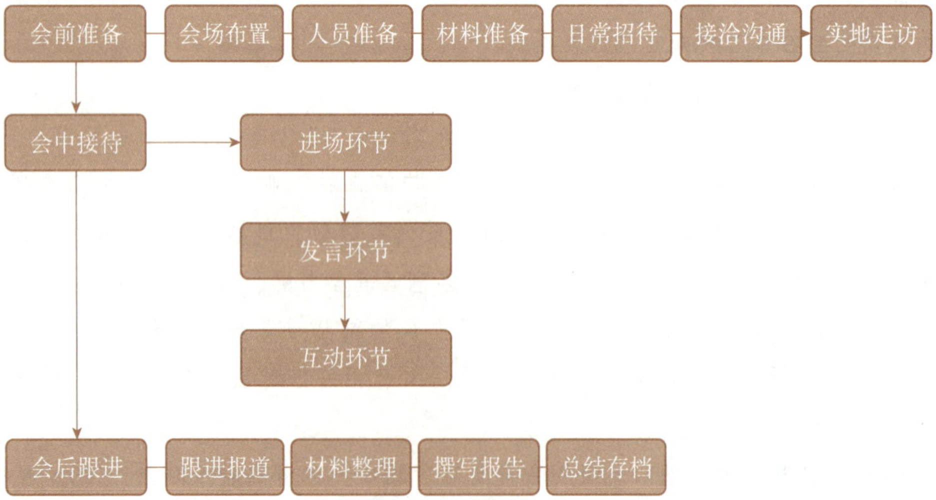

图 6–12　发布会流程

二、新闻发布会的类型

新闻发布会要有规范的流程，既要符合国家的相关要求，又要符合本单位流程制度的规范，做到标准化、规范化、制度化。

不同类型的新闻发布会有不同的特性，了解和分析新闻发布会的类型，对做好新闻发布会工作有重要的意义。常见的新闻发布会类型如图 6–13 所示。

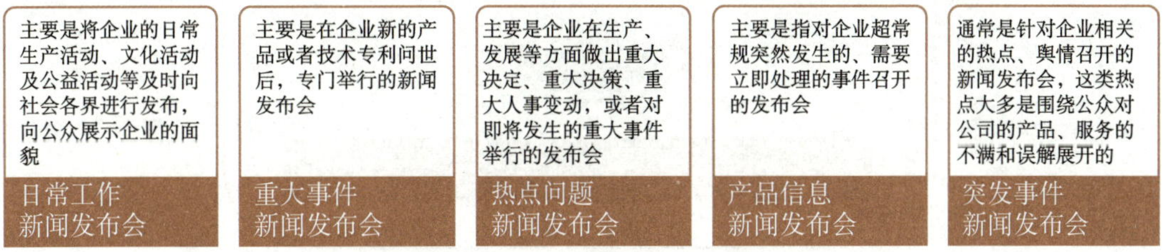

图 6–13　常见的新闻发布会类型

三、新闻发布会的现场布置

召开日常工作、重大事件等新闻发布会时，如果发布内容相对平和，发布会的规模相对较小，可以采用与参会记者拉近距离的座谈会形式布置会场（见图 6–14），这样容易增加亲切感，更有利于交流。

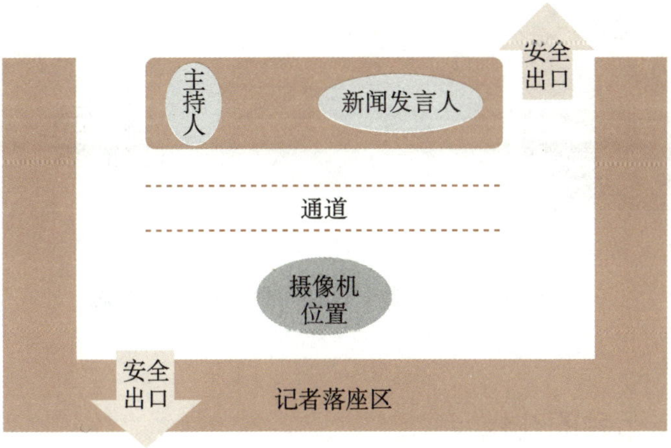

图 6–14　座谈会形式会场布置

召开突发事件等新闻发布会时，事件重大、严肃，规模较大，一般采用主席台加会场的形式（见图 6–15），这样既显得庄重，又可以容纳更多的来宾。

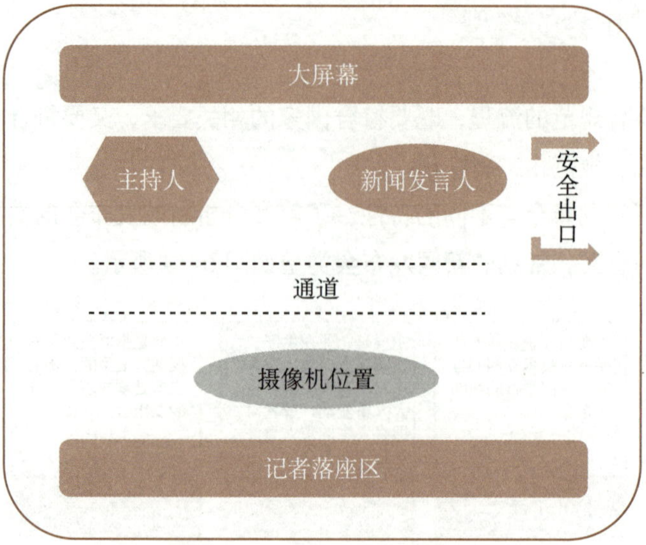

图 6–15　主席台加会场布置

新产品发布会可以运用高科技手段对产品进行全方位的展示，因此可以考虑布置产品展示台（见图 6–16）。

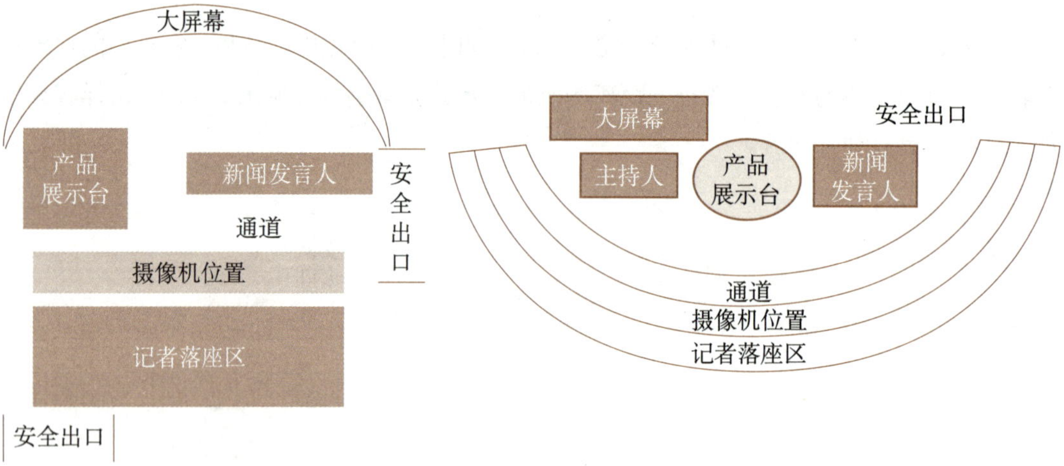

图 6–16　带产品展示台的新品发布会会场布置

四、新闻发布会的礼仪

一场新闻发布会的顺利举办，离不开所有工作人员在各环节的认真准备和用心服务。工作人员在发布会现场应注意以下礼仪细节，力求给媒体、现场观众和网络线上客户留下良好印象。

新闻发布会礼仪规范如表 6–3 所示。

表 6–3　新闻发布会礼仪规范

新闻发布会环节	礼仪规范
气氛营造	1. 日常工作新闻发布会氛围：气氛应融洽，不紧不慢，一般选择企业的办公场地进行，室内应采用可调节明暗的灯光，挑选柔和、舒缓的背景音乐来暖场，背景板上的颜色、字体应美观大方。 2. 重大事件新闻发布会氛围：气氛应积极、热烈、隆重。可选取办公的会议厅或酒店的会议场进行。灯光尽量采用明亮的暖色光，在出场、高潮和结束环节可使用背景音乐，风格上可用欢快、热烈的交响曲来烘托恢宏的氛围。 3. 热点问题新闻发布会氛围：气氛较为紧张，对于负面事件新闻不应播放背景音乐。现场尽量选用黑蓝灰等冷色调来布置，避免使用喜庆颜色，力求简洁大方。 4. 产品信息新闻发布会氛围：气氛应热烈、具有活力。现场可增添具有轻松趣味、富有人情味和创造力的元素。现场布置的颜色、音乐风格应跟企业整体氛围和产品类型有关。适合播放节奏感强、兴奋、欢快的音乐。 5. 突发事件新闻发布会氛围：由于时间比较仓促，可省略不必要的装饰，使用简单齐全的设备，有序召开即可。现场布置应庄重、正式、稳重，尽量选用黑蓝灰等冷色调的布置风格。
现场接待	1. 嘉宾接待：重量级嘉宾，应安排与嘉宾熟悉的活动主要负责人接待；媒体记者，应安排公关经理接待，并安排礼仪小姐引导嘉宾有序入座。 2. 嘉宾签到：相同嘉宾的名字放在同一张表格上，并按字母排序。开场半小时前未到场嘉宾，要及时沟通，确认是否继续参会。
现场互动	兼顾不同类型媒体，各类记者提问比例应相当。现场话筒以两个为宜，由专人负责看管并进行传递，发言记者提问结束后，话筒负责人要及时收回话筒。
会后跟进	对于记者要求获得更为详尽的资料，业务人员无法立即提供并承诺会后及时提供的情形，会后要第一时间跟进；对于在发布会中没有立即做出回答的冗长问题，发言人若做出会后予以回复的反映，务必做好记录，会后第一时间跟进。不能因此影响与媒体的关系和成稿进程。

新闻发布会工作人员礼仪规范如表 6–4 所示。

表 6–4　新闻发布会工作人员礼仪规范

工作人员	礼仪规范
主持人	1. 外形气质良好。穿着得体大方，不要过于花哨、喧宾夺主，同时要符合发布会类型，西装最普遍，男女皆宜、美观大方。仪态端庄、谈吐清晰、普通话标准。串词应用熟练，讲话简短。 2. 控制现场气氛。对于严肃的发布会可以放慢语速、语气凝重；新品发布会则需要热烈的氛围，主持人可声音高昂、语速稍快，表现出兴奋、热烈的感觉。对于冷场的情况，可以通过转移话题或者用幽默的话语来化解。可以通过主持台上的灯来提醒发言人控制时间。

续表

工作人员	礼仪规范
主持人	3. 控制记者提问。在记者提问环节，要兼顾媒体类型和记者落座的方位。官方媒体要在前几个提问，可以先选择会前沟通过的记者，然后选择行业相关性强的媒体记者。在方位上，前、后、左、右落座的记者都要被点到。提问时长控制在半个小时内，每位记者提问不超过三次。如还有记者想要提问，可邀请他们在会后对相关发言人进行单独采访。
新闻发言人	1. 气质涵养好，仪表形象佳。个人形象风度和气质与组织相符合。 2. 提前确定新闻发布会的基调及说话方式，包括说话内容、说话的动作和语气。如面对负面的危机事件，发言人应语气严肃、态度谦卑；如对于新品发布会，发言人应精神饱满、态度热情、自信从容。语速不宜过快，避免读发言稿，应对着受众而非大屏幕，避免使用过多幻灯片。 3. 尊重别人的发言和提问，不随意打断。回答记者的提问要准确简洁，仪态上要从容淡定，不能表现出紧张、激动、犹豫、愤怒或不耐烦等负面情绪，应泰然自若、得体回应，做到有涵养、风趣而不失庄重。
其他工作人员	1. 设备调试人员要事先检查音响、灯光、电源插座、网络信号等状况，确保运行良好、数量充足。 2. 会场服务人员应着统一服装，面带微笑，语气亲切。事先确认桌牌、桌签放置完好，座位排放合理，点心、茶水充足。 3. 工作人员在接近新闻发布会的日期时，要多次提醒记者会议的时间、地点等信息，核实是否能按时参加发布会。可以事先将发言人讲话稿、有价值的新闻线索、多媒体资料等打包发给记者，并列出完整清单，方便记者查找。条件允许的话，可以安排记者到企业实地走访，参与产品的生产体验、新品的试用体验，为其撰写有说服力的新闻报道提供真实素材。

小贴士

答记者问注意事项

不应随意打断记者的提问，也不应以各种动作、表情和言语对记者表示不满。即使记者的提问带有很强的偏见或带有挑战性，也不能激动发怒，要委婉地向记者做出解释，用冷静的态度和缓和的语言陈述事实，予以纠正和反驳。

遇到不友好的问题，应该冷静、礼貌、机智地阐述自己的看法。遇到回答不了的问题，不能简单地说“不清楚”“不知道”“无可奉告”，而应采取灵活而又通情达理的办法给予回答，也可以坦诚指出自己对此并不了解，并表达自己正向的、基本的立场。

对记者的提问要一视同仁，不能厚此薄彼。必要时安排一些小型酒会、冷餐会或茶会，以密切联系，并适当准备一些小纪念品、礼品，以扩大影响，加深友谊。

五、新闻发布会会后工作

（一）资料总结与归档

尽量整理出新闻发布会的记录资料，对新闻发布会的组织、布置、主持、回答等各方面工作的经验和不足做出评价和总结，并归档备查。

（二）对媒体发布的信息进行审核

收集到会记者发出的报道资料，并对这些报道内容及倾向进行归类分析。通过分析来检查是否达到了记者招待会的预期目标、是否由于失误而造成谬误。对于不利于组织的报道，则采取行动说明真相，要求媒体更正。对于检查出的问题要分析原因并设法弥补。

（三）收集会后记者的信息反馈

收集到会记者及其他与会代表的反应，了解接待、议程安排等工作是否有欠妥和不当之处，并对进行报道的记者进行统计，作为以后举办同类会议邀请名单的参考。

百礼齐鸣

在新闻发布会的过程中，对于记者的提问应该认真作答。那么对于无关或过长的提问、涉及企业秘密的问题、复杂而需要大量解释的问题，又该如何回答呢？

任务三 在展会活动中凸显服务礼仪特色

见微知礼

微课：在展会活动中凸显服务礼仪特色

案例导入

第三届中国国际数字产品博览会（以下简称数博会）以“数聚福州，智享全球”为主题，设置展览面积31 000平方米，于4月26日—4月30日在福州海峡国际会展中心举行。数博会作为数字中国建设峰会的重要组成部分，不仅强化了数字中国建设峰会采购交易、产业对接功能，还进一步推动了资源互通、品牌互促、活动互融。

本届数字产品博览会将成果展示与供需对接相结合，共设置数字生活、数字产业、数字治理三大主题展区，紧贴群众生活，服务产业发展，打造国际化、市场化、专业化的“买全球 卖全球”数字产品交易和产品服务平台，配套开馆仪式、领导巡馆、专家论坛、新品发布等多场活动，以精彩纷呈的内容向大众展现多彩数字之美。超160家数字经济领域企业携前沿高科技数字产品亮相，首展率达52.5%，高科技含量占比达43%。

本届数博会上，众多科技企业打造元宇宙新消费场景、发展数字人和虚拟人，催生了一批新业态新模式。在海峡国际会展中心主会场门口，有两个仪表端庄、气质高雅的“礼仪小姐”站在两侧，面带笑容迎接参会嘉宾，并引导嘉宾进入会场。这两名“礼仪小姐”是本届数字峰会的官方数字人，名字叫“茉莉”，是基于峰会品牌文化、中国传统元素和优秀东方女性特征设计的超写实虚拟人IP形象。她们还是数字峰会的导航员和播报员，在海峡国际会展中心为参会者提供丰富且有趣的互动体验。

分析：

在会展行业中，数字会务已成为一种趋势，智能化、数字化的技术手段让会展活动更加高效、智能。数字会展作为传统会展活动的数字化转型和创新发展，能够为展商和观众提供更加优质的展示和交流体验。

展会是为了展示产品和技术、拓展渠道、促进销售、传播品牌而进行的一种宣传活动。

小故事

破冰世博：1876年中国正式走向世界博览会

中国在1851年的英国伦敦首届世界博览会上就亮了相并有展品获奖，但那只是以私人名义参赛的。1873年，清政府授权海关负责参加博览会事宜，海关委派副税务司包腊（Bowra）代表中国参加奥地利维也纳世博会，但包腊是一个英国人。而1876年美国费城世博会，海关文牍李圭正式参加了。因此，1876年美国费城世博会，是第一次真正有中国代表参加的世界博览会。

一、展会流程

展会能够有效实施，离不开周密的展前策划。展会策划是指通过专业策划公司精心策划，为参加展会的企业提供最完美、最优秀的参展活动设计方案。其中既包括硬件方面的会场选择，如展位、展台布置，以及与之配合的各种声、光、电效果；也包括软件方面的宣传促销活动、展览礼仪模特和展览服务人员的培训及包装等。

展会流程如图 6–17 所示。

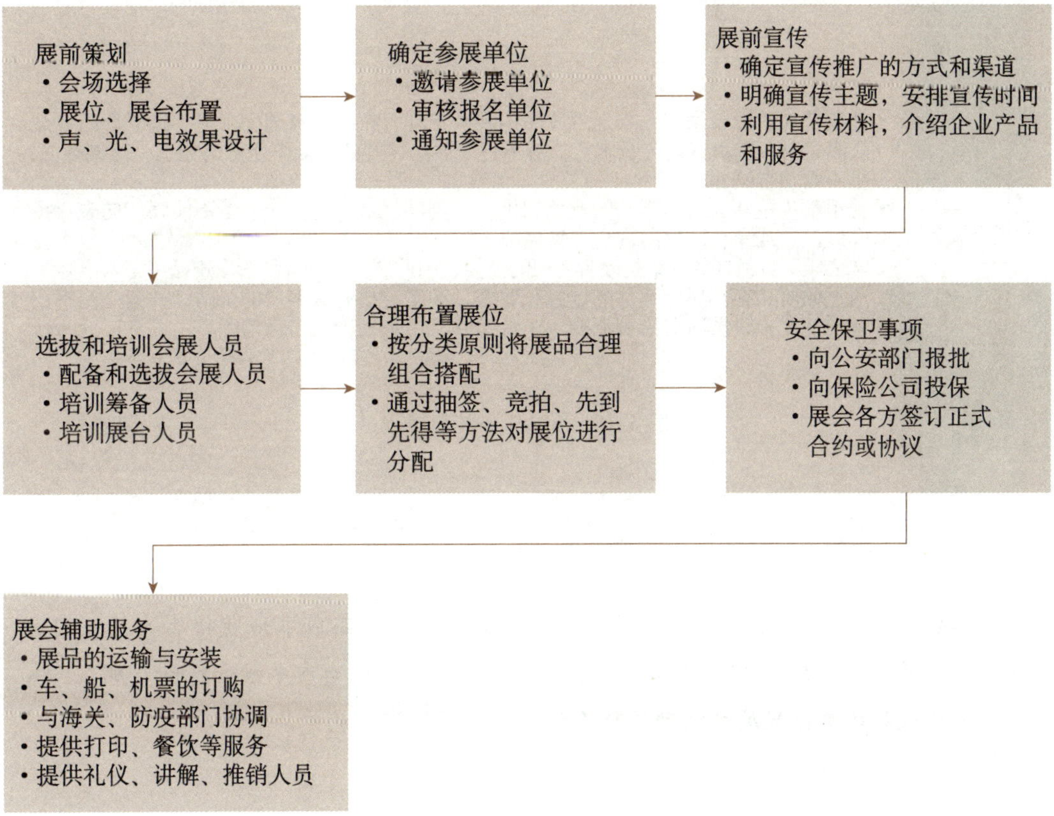

图 6–17 展会流程

只有通过精心策划，提前确定展会实施各环节的主要工作和任务，并逐步落实，才能更好地服务参展企业。通过展前宣传吸引更多的企业和客户参与展览，特别是更多著名企业的参展，这样可以进一步提升参展企业的知名度和影响力，树立企业良好的形象，帮助企业发展客户、吸引潜在客户，从而为企业创造竞争优势。

二、展会礼仪规范

参展人员的个体礼仪形象直接代表着企业的整体形象，反映着企业的整体素质、经营管理规范程度和企业的组织文化，代表着企业产品和服务的质量与信誉，直接影响企业的社会认可度和美誉度，最终影响会展企业终极目标的实现。

展会服务礼仪规范如图 6–18 所示。

整体形象

- 工作人员形象：统一着装，佩戴胸卡，男士剃须，女士化淡妆。
- 展示品形象：外观完美无缺、质量优中选优、陈列整齐美观、兼顾主题突出及吸引观众注意力。
- 宣传印刷资料：精美、图文并茂、资讯丰富。

现场服务

- 礼貌待人：面带微笑，与走近展位的观众主动打招呼，并适度引导、适时介绍；观众离去时，应真诚地欠身施礼；对不遵守展会规则的观众不能恶语相加、冷嘲热讽，更不得擅自动粗。
- 善用解说技巧：突出产品的特色和优点，调动观众参与操作，但不能强行向观众推介展品，或争抢、尾随观众兜售展品。
- 学会倾听：最好的介绍是倾听客户的需要，因此展会中的说和听应遵循“二八原则”，通过倾听让客户感觉到你的诚意和尊重。倾听时要看着客户的眼睛，并耐心回答。
- 解说专业：讲解时要语言流畅、声音柔和、用词准确、口齿清晰。

图 6–18　展会服务礼仪规范

百礼齐鸣

参展相对于所有营销方式来说，是低成本地参加、高成本地获得客户的一种方式。根据展会活动的形式和内容，礼仪服务的形式也可以富有个性和特色。那么，如何通过礼仪服务来凸显展会活动的特色和主题？请谈谈你的看法。

项目实施

项目分解	活动安排	任务内容	项目成果
企业观摩	集体活动，校内教师安排	通过现场观摩学习，了解会务服务人员的礼仪修养、会务服务工作的流程和规范，明确会前、会中、会后服务的工作重点。	学习笔记、工作记录（可选）
课题研究	分组活动，校内教师指导	收集相关资料，了解新闻发布会的筹备、媒体的邀请、现场的应酬、善后等注意事项；了解展会策划、展中接待、展后跟踪等事宜。	研究报告、PPT 汇报、视频分享（可选）

续表

项目分解	活动安排	任务内容	项目成果
情境展示	分组策划，校内教师指导	创设“新领航”计划训练营不同主题的会议活动场景，角色代入、情境模拟，做好会前、会中、会后不同阶段的服务工作，展现会务工作人员的礼仪服务水平和礼仪素质修养。	现场展示、视频展示（可任选）

项目评价

考核项目	考核内容	分值	自评（20%）	小组（40%）	教师（40%）	得分
企业观摩	准备充分，目标明确，深入分析，结果客观	20				
课题研究	方案明确，方法合理，全面深入，重点突出	20				
情境展示	情境合理，表现大方，礼仪规范，准确到位	30				
工作态度	参与度、积极性	10				
团队合作	分工与合作情况	10				
创新创意	原创性、新颖性	10				
					总　分	

项目拓展

一、知书达礼

1. 单选题

（1）跨国会议的座位安排应（　　）。

A. 以右为主，以左为辅　　B. 以中为主，以两边为辅

C. 以左为主，以右为辅　　D. 以两边为主，以中为辅

（2）如果在开会时，你刚一提出观点就遭到了别人的反对，你认为应该（　　）。

A. 立即反驳　　B. 有礼貌地提醒他让自己把话说完

C. 不予理睬　　D. 请求主席维持会场秩序

（3）开会期间，当你需要发言时，应该（　　）。

A. 打断会议的进程，说出自己的想法

B. 把所要说的话写下来，会后交给会议司仪

C. 举手示意，征询会议主席的许可后进行

D. 先与你邻位的与会者共同探讨

（4）当有发言者正在进行发言，而你对其所述十分迷惑时，你应该（　　）。

A. 向坐在你旁边的与会者询问

B. 直接向发言者提出自己的疑问

C. 向其他与会者发牢骚，寻求共同的感受

D. 把有疑问的地方记录下来，会后了解

（5）下列关于新闻发布会举行时间的选定，说法错误的是（　　）。

A. 避开节日或假日

B. 避开本地的重大社会活动

C. 避开其他单位的新闻发布会

D. 可以与新闻界的重点宣传报道撞车

（6）新闻发布会的主持人、发言人应注意哪些事项？下列说法错误的是（　　）。

A. 注意外表的修饰

B. 注意相互配合

C. 严肃，不苟言笑

D. 注意语言艺术

2. 多选题

（1）下列哪些是小型会议排列的礼仪要求？（　　）

A. 讲究面门为上，面对房间正门的位置一般被视为上座

B. 讲究右为上，进门方向坐在右侧的人为地位高者

C. 讲究居中为上，小型会议通常只考虑主席之位，但同时也强调自由择座

D. 小型会议主席不可以坐在前排中央的位置

（2）举办展览会要注意礼仪规范，以下说法正确的是（　　）。

A. 当观众在本单位的展位上进行参观时，工作人员不可随行于其后，以防打扰观众参观

B. 对于观众所提出的问题，工作人员要认真回答。不允许置之不理，或以不礼貌的言行对待对方

C. 当观众离去时，工作人员应当真诚地向对方欠身施礼，并道以“谢谢光临”，或是“再见”

D. 在任何情况下，工作人员均不得对观众恶语相加或讥讽嘲弄。对于个别不守

展览会规则而乱摸乱动、乱拿展品的观众，仍需以礼相劝，必要时可请保安人员协助

二、躬行践礼

1. 情境模拟。

【情境描述】

2024 年 9 月 10 日，在华为“见非凡”品牌盛典及鸿蒙智行新品发布会上，华为正式带来了全球首个商用三折叠屏手机——华为 Mate XT 非凡大师。这款手机打破了现有折叠屏产品的形态，为行业发展带来了新的方向，让消费者拥有前所未有的超形态三折叠大屏体验：独特岩脉纹理设计，搭载天工铰链系统，支持 3K 华为临境大屏，影像体验出色，AI 功能丰富，通信能力强……

【实训要求】

（1）查阅相关资料，模拟华为 Mate XT 非凡大师发布会情境；

（2）模拟华为终端 BG 董事长在发布会上的发言；

（3）查阅华为 Mate XT 非凡大师相关规格参数，设计现场记者提问，并安排相关“技术负责人”做相应回答。

【实训操作】

（1）请根据情境描述，分角色进行模拟；

（2）将全班学生分成若干小组，以小组为单位组织情境模拟；

（3）小组成员轮流担任不同角色。

2. 请为某项会议活动提供礼仪志愿服务，请主办方或相关负责人对你的会议服务工作进行评价，并填写下表。

被评价人	任务完成度	存在的问题	需要努力的方向	评价人签名	评价人联系方式

三、品礼鉴仪

蹈舞礼

据唐代杜佑所撰《通典》的记载，隋唐时代，每逢重大节日或者朝会时，在臣子向皇

帝跪拜祝贺结束后，皇帝会“举酒”，就是举杯同时说一些国泰民安寓意吉祥的话。然后臣子们要“上下舞蹈”，即要一起跳舞，然后三称“万岁”，这样典礼才算是结束。

“蹈舞礼”用于大型朝会，十分郑重，还比较繁复，有的官员长期在外任职，回到京城还得再学习一番才敢上朝觐见皇帝。

忘记跳舞的后果也可谓相当严重。据《新唐书》等史料记载，在唐高宗、武则天时期，曾有官员因觐见时失礼而遭贬谪。有一位官员因久在外任职，回朝觐见唐高宗与武则天后，忘记了行舞蹈礼。由于他平时常以戚党擅权为由讽刺武则天，招致其不满，此次失礼恰好被武则天抓住把柄，遂以此为由将其发配至朱鸢县当县丞（朱鸢县位于今越南境内）。

“蹈舞礼”从北朝的贵族发展而来，隋唐时代变成了一种正式的礼节，一直延续到宋代。“蹈舞礼”不仅是一种礼仪形式，更是当时社会文化和政治制度的重要组成部分。

四、推荐阅读

《高效能会议：从提升组织效能到实现组织进化》

作者　吉远慧

本书以 AGE 生长型企业组织建设的系统方法与实践为基础，详细阐述了高效能会议与会议领导力提升整体模型的理论与工具，并通过提供实用的案例与图表，帮助读者评估和提升会议的效能、会议领导力的水平。

基于大量实战案例的分享，本书还向广大的企业家、创业者、管理者、组织工作者、人力资源管理者等揭示了各个类型的关键会议背后的战略、运营与组织管理的真实动因与落地过程，帮助读者理解如何透过会议建运营、建组织、建文化，最终实现组织进化。

项目七

高水准办好商务仪式

动画导课：谦谦有礼，婉婉有仪——如何高水准办好商务仪式

知礼学仪

商务仪式是21世纪企业营销活动的重要方法与技巧，已成为企业营造自己独特文化的策略性工具。完备的商务仪式既是沟通和交往的艺术，也是组织方对内营造和谐氛围、增加凝聚力，对外协调关系、扩大宣传、塑造形象的有效手段，在打造成功的企业形象中起着举足轻重的作用。

学习目标

◎ 知识目标

掌握常见的商务仪式的礼仪规范；

掌握不同商务仪式举办的原则和流程。

◎ 技能目标

能够布置不同类型的商务仪式会场，并根据商务仪式程序及要求安排庆典、开业、剪彩、交接、签约等仪式；

能够通过情境模拟和训练，在开业、交接、剪彩、签约、庆典等常见的商务仪式中符合礼仪规范，符合热烈、隆重、节约、缜密的原则。

◎ 素养目标

在商务仪式活动中举止得体、言谈谨慎，既能维护自身利益，又不失礼仪风度；

提高在商务仪式活动中的组织协调、公共交际等能力，力求缜密周到、规范有序，培

养精益求精的工匠精神。

思维导图

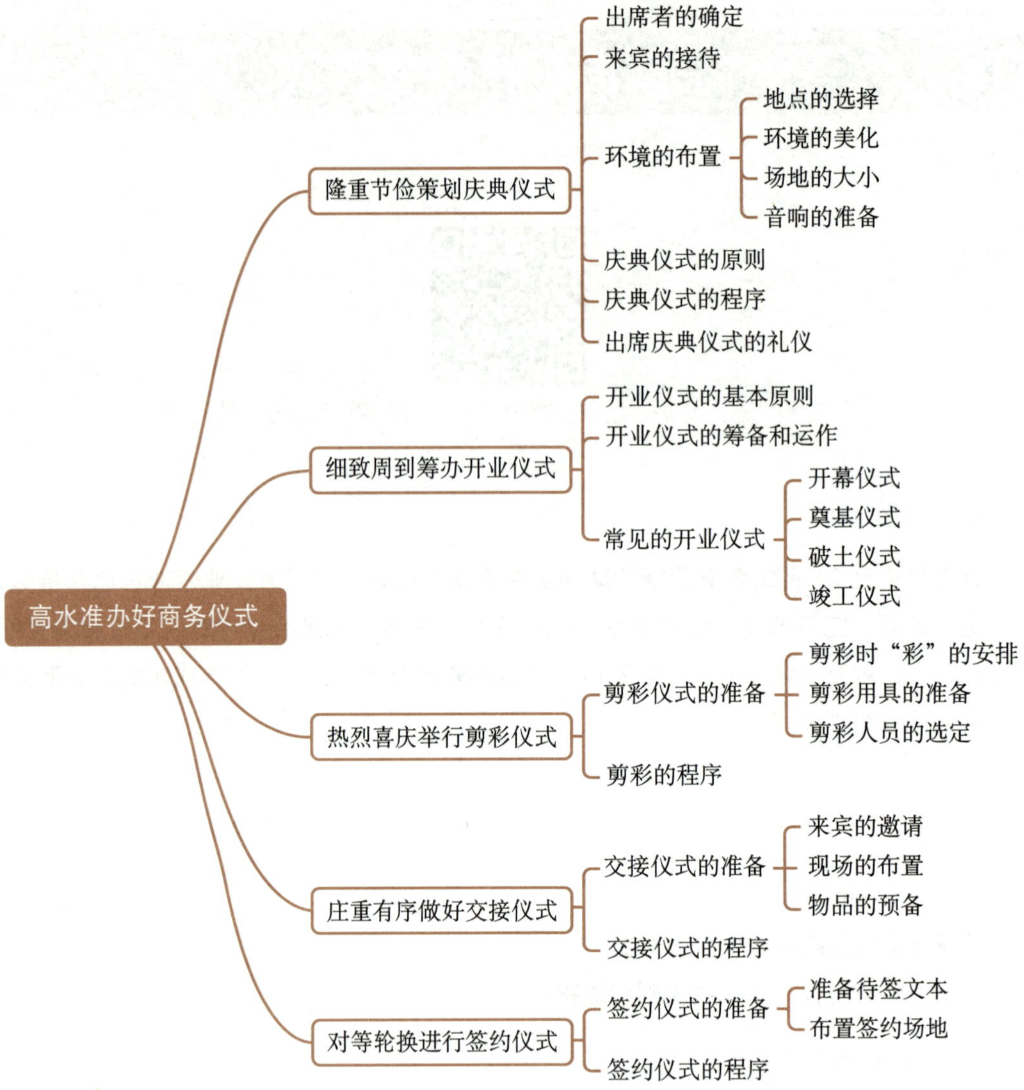

项目描述

书香酒店集团大楼于 2022 年底竣工并交付使用。书香酒店集团于 2023 年 6 月 1 日挂牌成立，并举行开业剪彩仪式。书香酒店旗下涵盖各类承接重大会务和接待任务的政务会议型酒店，以及以中国文化元素为鲜明特色的主题文化型酒店。

书香酒店集团目标是成为江南文化的传承者和推广者，面向市场需求、客户群体、消费结构的变化，将酒店管理运营模式与“生活方式”深度结合，依托原有“五香四美”的企业文化，全新推出“有一种生活叫书香”的生活方式品牌，将文人的生活方式与现代餐饮、社交、特色活动等融合，打造“书香生活 +”系列品牌，在消费者旅居生活中，建立与在地文化深入的情感链接，体验“诗意江南”的生活雅趣。

2024 年 6 月 1 日，书香酒店集团举行成立一周年庆典活动。当天活动上，书香酒店集团与“书香生活 +”系列品牌的合作伙伴签订了合作协议，共同探索酒店服务与传统文化融合创新模式，为江南文化的传承注入新活力。

任务清单

丰俭合礼，缜密周到——隆重节俭策划庆典仪式
繁简适礼，量力而行——细致周到筹办开业仪式
礼繁亦庄，有条不紊——热烈喜庆举行剪彩仪式
因事制礼，观时立仪——庄重有序做好交接仪式
等礼相亢，秩序谨严——对等轮换进行签约仪式

任务一　隆重节俭策划庆典仪式

见微知礼

微课：隆重节俭策划庆典仪式

案例导入

2024 年 9 月 9 日，视爵光旭 15 周年庆典活动在深圳大梅沙京基洲际度假酒店圆满举办，来自全球 29 个国家和地区、海内外 200 多位合作伙伴齐聚一堂，共同庆祝这一荣耀时刻。

在万众期待的目光中，这场璀璨夺目的 15 周年庆典以“聚”为主题的系列活动正式拉开帷幕。

1. 开启“聚”的篇章

视爵光旭15周年庆典在一曲激昂的《鼓动未来》节目中拉开序幕。鼓动未来，聚光成芒！视爵光旭创始人郝××先生和副总裁黄××女士带来《凝聚你我，共创辉煌》的主题开场，为大家分享了这15年来的经历与收获，感恩每一位员工的坚守与前行，感谢每一位合作伙伴的信任与期待。

2. 携手并进　共创卓越篇章

作为15周年庆典中的核心理念，“Consistent Excellence”传达了视爵光旭对客户与合作伙伴的深切感激。庆典现场，来自不同国家的合作伙伴代表受邀登台，他们分享的不仅仅是商业合作中的成功案例与宝贵经验，更是对视爵光旭品牌理念、产品品质及团队专业度的信任。

现场迎来了万众瞩目的颁奖盛典，视爵光旭为18家供应商颁发战略供应商荣誉奖项，感谢他们以卓越的品质、专业的态度以及无可挑剔的服务，为视爵光旭的产品质量保驾护航，为公司的持续发展提供强大动力。

3. 荣耀表彰　15周年经典案例

15周年庆“经典案例”的揭晓更是将庆典推向另一个高潮。为了庆祝视爵光旭成立15周年，公司进行了经典案例的征集与评选活动。经过数月的评选，公司从众多案例中甄选出了15个最具代表性的经典案例，在庆典现场，邀请特别嘉宾进行揭晓和颁发经典案例奖项，共同见证荣耀时刻。

这些遍布全球的经典案例，不仅见证了视爵光旭的技术实力与市场影响力，更成为公司最宝贵的财富与荣耀。

4. 成长相伴　视爵光旭10周年员工纪念

“10周年成长相伴奖”是视爵光旭自10周年以来设立的传统奖项，现场总裁郝××先生为10周年员工颁发纪念礼物。

5. 视听盛宴　精彩纷呈

《象山水月》源自中国美丽的自然景观“象山”，寓意视爵光旭与供应链上下游的合作伙伴，如同象山和水月一样，和谐共生，共同发展。

15组文化衫以时间轴为序，逐一呈现视爵光旭十五年的成长历程与发展愿景。

合唱节目《和光同尘》寓意共同走过的旅程，象征着公司员工在各自的领域里，虽身处不同岗位，却都能与光同行，相互照耀，共同创造美好的未来。

6. 欢乐晚宴　共庆15周年生日

随着夜幕降临，一场场融合了音乐、美食与欢笑的独特晚宴，视爵光旭15周年庆典伴随着海边欢腾的音乐晚宴圆满谢幕，全球客户欢聚一堂，共同铭记视爵15载的辉煌历程，公司相信，未来会有无限可能。

分析：

庆典活动要有精品意识，既要隆重又要节俭，同时还要力求有创意。一般化的庆典活动无法给人留下深刻印象，不能取得良好的效果。视爵光旭15周年庆典以“聚”为主题，为了迎接全球嘉宾的到来，视爵光旭精心设计了节目表演，打造了一个全方位、多维度的惊喜体验体系，以聚之名，开启视爵15周年庆典，共襄视爵盛举，擘画屏界未来。

庆典是各种庆祝仪式的统称。在商务活动中，商务人员参加庆祝仪式的机会有很多，既有可能奉命为本单位组织一次庆祝仪式，也有可能应邀去出席外单位的某次庆祝仪式。

一、出席者的确定

确定庆典出席者名单时，始终应当以庆典的宗旨为指导思想，一般来说，通常应包括以下人士：上级领导、社会名流、大众传媒、合作伙伴、社区关系、单位员工。以上人员的具体名单一旦确定，就应尽早发出邀请或通知。由于庆典的出席人员甚多，牵涉面极广，因此，不到万不得已不可以取消、改期或延期。

二、来宾的接待

对出席庆典的来宾的接待，更应突出礼仪性的特点。不仅应当热心细致地照顾好全体来宾，还应当通过主方的接待工作，使来宾感受到主人真挚的尊重与敬意，并且应尽量让每位来宾心情舒畅。

庆典一经决定举行，要立即成立对此全权负责的筹备组。筹备组成员通常应当由各方面的有关人士组成。筹备组内应根据具体的需要，下设若干专项小组，如公关、礼宾、财务、会务等，各司其职。其中负责礼宾工作的接待小组大都不可缺少。庆典的接待小组，原则上应由年轻、精干、形象较好、口头表达能力和应变能力较强的男女青年组成。

庆典仪式接待工作安排如图7–1所示。

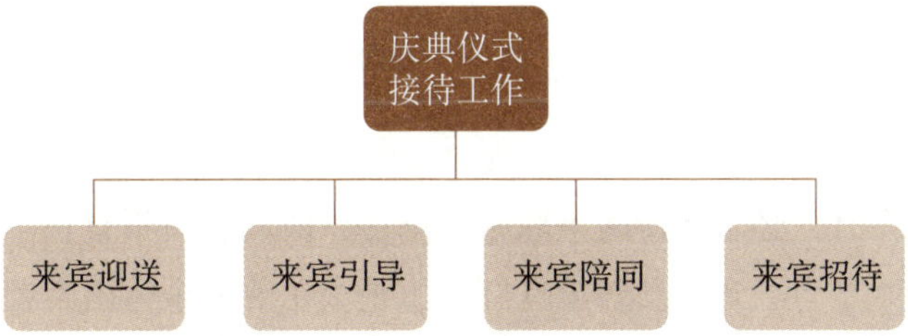

图7–1　庆典仪式接待工作安排

三、环境的布置

举行庆祝仪式的现场，是庆典活动的中心地点。现场安排、布置是否恰当，往往直接关系到庆典留给全体出席者印象的好坏。依据仪式礼仪的有关规范，工作人员在布置举行庆典的现场时，需要通盘思考的问题主要有：

（一）地点的选择

在选择具体地点时，应结合庆典的规模、影响力以及本单位的实际情况来决定。本单位的礼堂、会议厅，本单位内部或门前的广场，以及外借的大厅等均可以选择。不过在室外举行庆典时，切勿因地点选择不慎，而制造噪声、妨碍交通或治安，顾此失彼。

（二）环境的美化

在反对铺张浪费的同时，应当量力而行，着力美化庆典举行现场的环境。为了烘托出热烈、隆重、喜庆的气氛，可在现场悬挂彩灯、彩带，张贴一些宣传标语，张挂标明庆典具体内容的大型横幅。如果有能力，还可以邀请乐队演奏音乐或敲锣打鼓。但是这类活动应当适度，不要喧宾夺主。

（三）场地的大小

在选择举行庆祝仪式的场地时，并非越大越好。从理论上说，现场的大小应与出席者人数的多少成正比。人多地方小，拥挤不堪，会使人心烦意乱；人少地方大，会让来宾对本单位产生“门前冷落车马稀”的感觉。

（四）音响的准备

在举行庆典之前，务必把音响准备好，尤其是供来宾们讲话时使用的麦克风和传声设备。在庆典举行前后，播放一些喜庆、欢快的乐曲。对于播放的乐曲，应先期进行审查，切勿临时让工作人员自由选择，随意播放背离庆典主题的乐曲，更不可播放凄惨、哀怨、让人伤心落泪的乐曲，或是那些不够庄重的乐曲。

四、庆典仪式的原则

拟定庆典的程序时，必须坚持两条原则。第一，时间宜短不宜长。大体上讲，应以一个小时为极限。这既是为了确保其效果良好，也是为了尊重全体出席者，尤其是为了尊重来宾。第二，程序宜少不宜多。程序过多，不仅会增加时长，而且还会分散出席者的注意力，并给人以庆典内容过于凌乱之感。

五、庆典仪式的程序

庆典仪式的程序如图 7–2 所示。

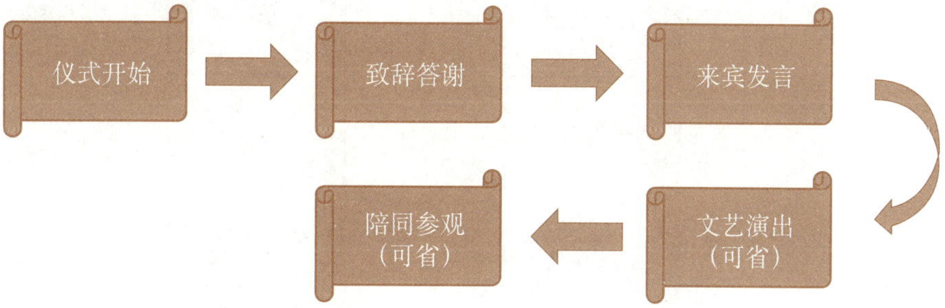

图 7–2　庆典仪式的程序

小贴士

庆典分类

就内容而论，在商界所举行的庆典仪式大致可以分为四类：

（1）本单位成立周年庆典。通常是在本单位成立五周年、十周年以及它们的倍数时进行。

（2）本单位荣获某项荣誉的庆典。当单位本身荣获了某项荣誉称号、单位的“拳头产品”在国内外重大展评中获奖之后，这类庆典基本上会举行。

（3）本单位取得重大业绩的庆典。例如：千日无生产事故、生产某种产品的数量突破 × 万台等，这些来之不易的成绩，往往都是要庆祝的。

（4）本单位取得显著发展的庆典。当本单位建立集团、确定新的合作伙伴、分公司或连锁店不断发展时，自然都值得庆祝一番。

六、出席庆典仪式的礼仪

参加庆典时，不论是主办单位的人员还是外单位的人员，均应注意自己临场之际的举止表现（见图 7–3）。

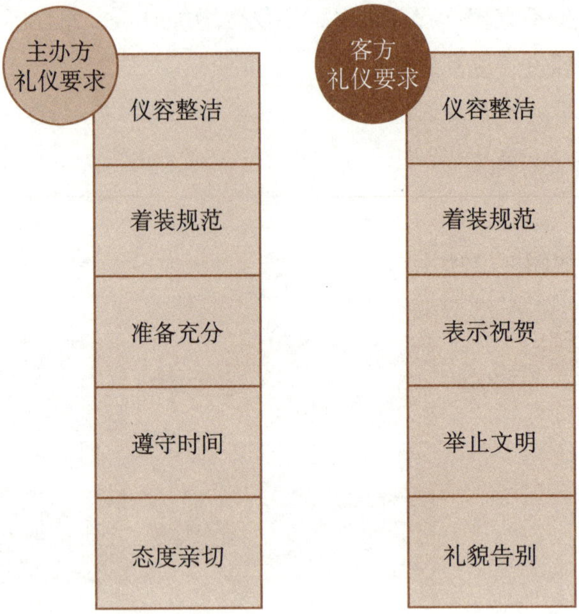

图 7-3　出席庆典仪式的礼仪

百礼齐鸣

如果贵单位将迎来公司周年庆，作为项目策划人，如何既兼顾热烈、隆重、节约、缜密的原则，又能体现出创新创意和公司的特色？

任务二　细致周到筹办开业仪式

见微知礼

微课：细致周到筹办开业仪式

案例导入

北京冬奥会开幕式现场最吸引人眼球的莫过于每个座位上放置的“暖心小包”。打开这个小包，暖心的人文关怀便扑面而来。

尽管北京冬奥会的开幕式时长相比往届有所缩短，但由于鸟巢是在室外，开幕式又是在晚间，因此温度比较低。小包中除了每届冬奥会开幕式包里都有的小毛毯、暖宝宝等室外必备用品，还贴心地加入了帽子和带有手机触控贴的手套，且颜色随机，增加了大家“拆盲盒”的新鲜感和仪式感。

除了以上这些装备，每个小包中还放入了一面中国国旗和印有北京冬奥会 Logo 的小旗，让每位观众在开幕式进行时摇旗助力。观众不仅成为开幕式的见证者，还成为参与者之一。这种创意设计既体现了开幕式主创团队对细节的关注，也突出了北京冬奥会满满的人文关怀。

分析：

开幕式是开业仪式的具体形式之一。开业仪式是气氛热烈而又隆重的庆祝仪式，既表明主办单位对此项活动严谨的态度，又可借此扩大社会影响力，提高企业的知名度和美誉度。开业活动的现场组织工作和典礼仪式，需要细致周到，不仅要考虑环境、天气等特殊情况，还要切合主题、办出特色。

开业仪式是指在单位创建、开业、项目完工、落成，某一建筑物正式启用，或是某项工程正式开始之际，为了表示庆贺或纪念，按照一定的程序所举行的隆重、专门的仪式。有时，开业仪式亦称作开业典礼。

一、开业仪式的基本原则

开业仪式的筹备要遵循热烈、节俭、缜密这三条原则。热烈是指要想方设法地在开业仪式进行过程中营造一种欢快、喜庆、隆重的氛围。节俭是指主办单位在举办开业仪式以及对其进行筹备的整个过程中，在经费支出方面要节制、省俭，量力而行。缜密是指主办单位在筹备开业仪式时既要遵循礼仪惯例，又要具体情况具体分析，认真策划，注重细节，力求周密。

二、开业仪式的筹备和运作

开业仪式筹备流程如图 7–4 所示，开业仪式运作流程如图 7–5 所示。

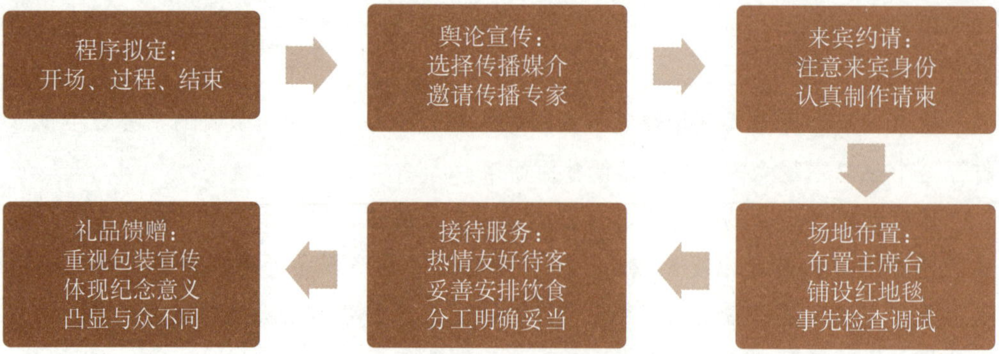

图 7–4　开业仪式筹备流程

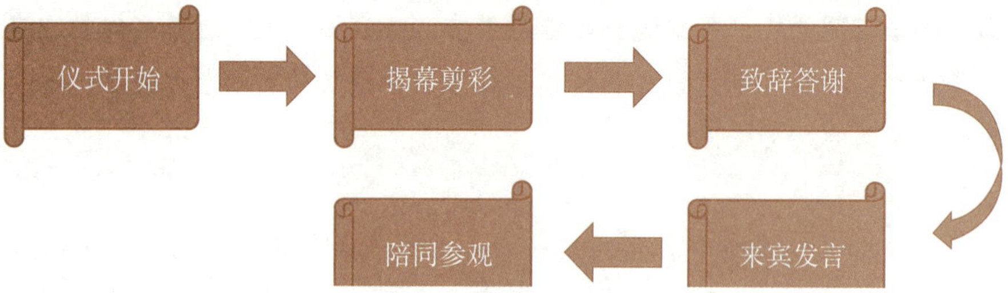

图 7–5　开业仪式运作流程

三、常见的开业仪式

常见的开业仪式有开幕仪式、奠基仪式、破土仪式、竣工仪式等。它们的共性都是以热烈而隆重的仪式来为本单位的发展创造一个良好的开端。

（一）开幕仪式

开幕仪式是指公司、企业、宾馆、商店、银行正式启用之前，或是各类商品或产品的展示会、博览会、订货会正式开始之前所举行的相关仪式。

依照常规，举行开幕式需要较为宽敞的活动空间，广场、展厅门前、室内大厅等处均可用作开幕仪式的举行地点。

开幕仪式流程如图 7–6 所示。

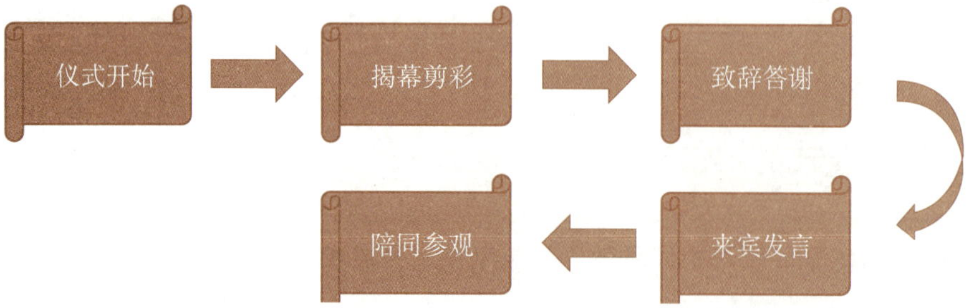

图 7–6　开幕仪式流程

小贴士

开业仪式礼物馈赠

举办开业仪式时赠送来宾的礼物，应具备以下三大特点：其一，宣传性。可采用本公司的产品，也可在礼物以及包装上印制本单位的企业 Logo、广告词语、商品图案设计、开张日期等。其二，荣誉性。要使拥有者具有一定的留念意义，而且使拥有人对其珍惜、高度重视，并为此觉得无上光荣和引以为豪。其三，特有性。理应不同寻常，具备本单位的独特特点，让人一目了然，能够让人过目难忘。

（二）奠基仪式

奠基仪式通常是指一些重要的建筑物，如大厦、场馆、亭台、楼阁、园林、纪念碑等，在动工修建之初所举行的庆贺性活动。

奠基仪式举行的地点，一般应选择在动工修筑建筑物的施工现场。奠基的具体地点，按常规均应选择在建筑物正门的右侧。在一般情况下，用于奠基的奠基石应为一块完整无损、外观精美的长方形石料。

在奠基仪式的举行现场应设立彩棚，安放该建筑物的模型或设计图、效果图，并使各种建筑机械就位待命。

奠基仪式流程如图 7–7 所示。

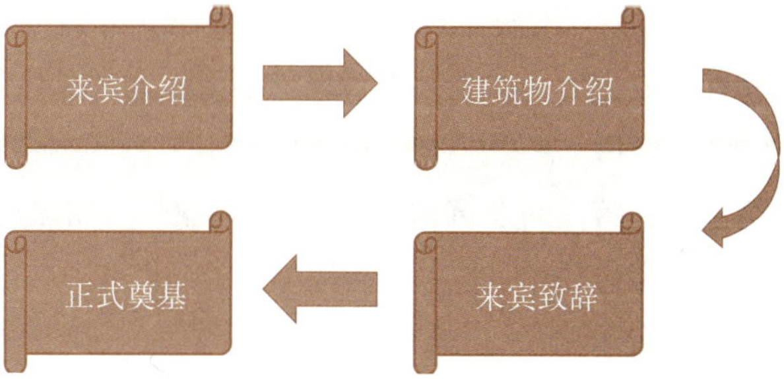

图 7–7　奠基仪式流程

（三）破土仪式

破土仪式亦称破土动工仪式，是指在道路、河道、水库、桥梁、电站、厂房、机场、码头、车站等正式开工之际所举行的仪式。

破土仪式举行的地点，大多应当选择在工地的中央或其某一侧。举行仪式的现场，务必事先认真清扫、平整、装饰，防止出现道路坎坷泥泞、飞沙走石，或是蚊蝇扑面的状况。

破土仪式流程如图 7–8 所示。

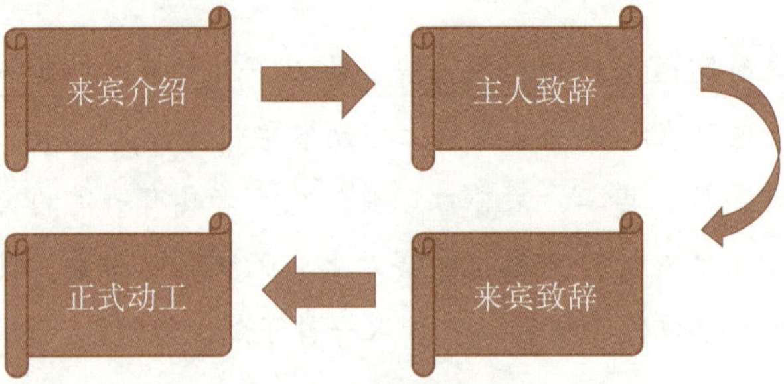

图 7–8　破土仪式流程

小贴士

奠基仪式与破土仪式不宜同时举行

一般而言，奠基仪式与破土仪式在具体程序方面大同小异，而其适用范围亦大体相近。因此，这两种仪式不宜同时举行。

（四）竣工仪式

竣工仪式又称落成仪式或建成仪式，是指本单位所属的某一建筑物或某项设施建设、安装工作完成之后，或者是某一纪念性、标志性建筑物——诸如纪念碑、纪念塔、纪念堂、纪念像、纪念雕塑等建成之后，以及某种意义特别重大的产品生产成功之后所举行的庆贺性活动。

竣工仪式的地点应选在新落成的建筑物之外，或者刚刚建成的纪念碑、纪念塔、纪念堂、纪念像、纪念雕塑等的旁边。

竣工仪式流程如图 7–9 所示。

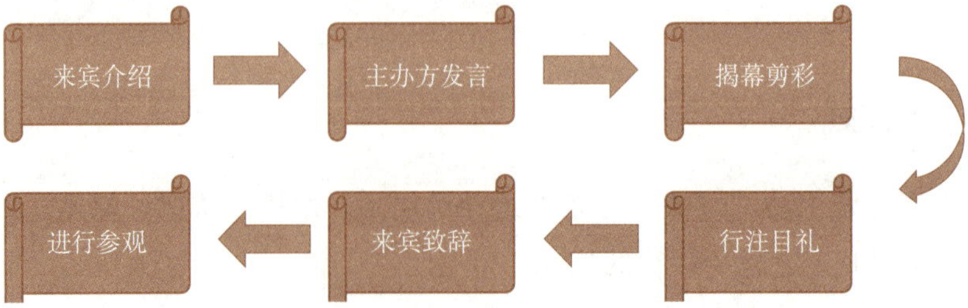

图 7–9　竣工仪式流程

百礼齐鸣

开业仪式是企业在社会公众面前的第一次亮相。宣传企业特色，扩大传播范围，塑造良好形象，争取更多客户是举办开业仪式的目的。你觉得开业仪式是隆重些合适，还是简约些得体？

任务三　热烈喜庆举行剪彩仪式

见微知礼

微课：热烈喜庆举行剪彩仪式

案例导入

10 月 21 日下午，EKO 智能新工厂落成剪彩仪式在该市产业园内盛大举行。本次活动力邀 ×× 市政府领导、各行业大咖、主流媒体及 EKO 国内外合作伙伴和经销商等共襄盛举，知名实力派青年演员、EKO 品牌代言人张 ×× 亲临活动现场，共同见证这场具有里程碑意义的盛事，共谋未来发展宏图。现场高朋云集，嘉宾荟萃。

活动伊始，万众期待的 EKO 智能新工厂宣传片重磅首发，引发现场热烈反响。随后，集团董事长陈 ×× 在致辞中表示："EKO 智能新工厂的落成，标志着 EKO 的发展又迈上新的台阶，势必会带来'量'的产能增加和'质'的有效提升！未来，EKO 有信心、有决心让'中国智造'闪耀世界舞台，为经济高质量发展贡献力量！"

紧接着，在众人的翘首以盼和热烈欢呼中，品牌代言人张 ×× 惊喜现身，引爆全场。张 ×× 表示，很惊讶 EKO 能把一个不起眼的垃圾桶设计成高颜值、高科技的代表。在设计、研发能力和生产能力上，EKO 确实用科技改变了我们的生活，影响了更多人。他认为要实现美好的生活，必须要有精益求精的态度，正如EKO所代表的工匠精神。

随后，张××和领导们共同进行剪彩仪式。现场礼炮齐鸣，掌声雷动，将氛围推至高潮。

此次活动全程通过EKO抖音平台进行直播，引发网友围观，直播间内互动频繁，网友纷纷送上祝福。EKO还开启了宠粉模式，狂送福利，通过这种"云相聚"，与屏幕外的广大抖音网友和张××粉丝共襄盛举。

分析：

剪彩是指在一些重大的开幕式、落成典礼、庆典活动等场合，用特制的剪刀将色彩鲜艳的绸带剪断，象征着新事物的诞生和祝福。剪彩仪式不仅是对主办方之前成果的肯定和庆祝，还能鼓励他们再接再厉，在新征程的起点上取得更大的成就。同时，剪彩仪式要运用各种媒介广泛宣传，造成轰动效应，提升企业的知名度。

剪彩仪式是指为了庆贺公司的设立、企业的开工、宾馆的落成、商店的开张、银行的开业、大型建筑物的启用、道路或航线的开通、展销会或展览会的开幕等而隆重举行的一项礼仪性仪式。因其主要活动内容是约请专人使用剪刀剪断被称为"彩"的红色缎带，所以被人们称为剪彩。

小故事

1912年，美国某镇有一家百货公司将要开业。开业这天的一大早，老板按当地风俗在店门前横系了一条布带，以防止公司开张前有闲人闯入。这时，老板的小女儿牵着一条狗从店里匆匆跑出来，无意中碰断了这条布带。等在门外的顾客以为这是该店为了开张而搞的独特仪式，便蜂拥而入，争先购物，公司的生意自然兴隆无比。不久，该老板的一个分公司要开张，老板想起第一次开张时的盛况，便有意让小女儿把布带碰断，果然，效果又非常好。于是，人们争相效仿。这种仪式发展到今天就叫"剪彩"。

一、剪彩仪式的准备

（一）剪彩时"彩"的安排

红色缎带，亦即剪彩仪式之中的"彩"。按照传统做法，它应当由一整匹未曾使用过的红色缎带，在中间结成数朵花团而成。红色缎带上所结的花团的具体数目有两类模式可选：一是花团的数目比现场剪彩者的人数多一个；二是花团的数目比现场剪彩者的人数少一个。前者可使每位剪彩者总是处于两朵花团之间，尤显正式（见图 7–10）；后者则不同常规，亦有新意（见图 7–11）。

图 7–10　剪彩时“彩”的安排图示（1）

图 7–11　剪彩时“彩”的安排图示（2）

（二）剪彩用具的准备

传统剪彩仪式所需使用的特殊用具有红色缎带、新剪刀、白色薄纱手套、托盘以及红色地毯（见图 7–12）。

随着时代的发展，传统绣球剪彩逐渐被花球、花柱剪彩代替，后者更显时尚（见图 7–13）。

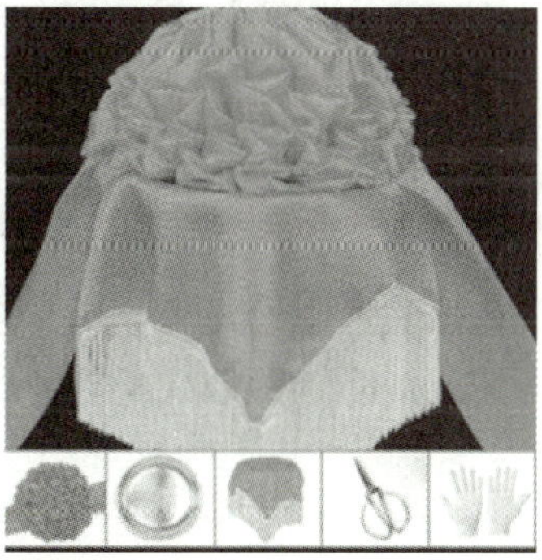

图 7–12　传统剪彩物品

图 7–13　剪彩立柱

（三）剪彩人员的选定

剪彩者即在剪彩仪式上持剪刀剪彩的人。根据惯例，剪彩者可以是一个人，也可以是几个人，但是一般不应多于五个人。通常，剪彩者由上级领导、合作伙伴、社会名流、员工代表或客户代表担任。

若剪彩者仅为一人，则其剪彩时居中而立即可。若剪彩者不止一人，则其同时上场剪彩时位次的尊卑就必须予以重视。一般的规矩是：中间高于两侧，右侧高于左侧，距离中间站立者越远，位次越低，即主剪者应当居于中间的位置。

助剪者，指的是在剪彩过程中从旁为剪彩者提供帮助的人员。助剪者多由东道主一方的礼仪小姐担任。

在剪彩仪式上助剪的礼仪小姐，可以分为迎宾者、引导者、服务者、拉彩者、捧花者、托盘者。

二、剪彩的程序

一般情况下，剪彩仪式应在行将启用的建筑、工程或者展销会、博览会的现场举行。正门外的广场、正门内的大厅，都是可以优先考虑的。按照惯例，剪彩既可以是开业仪式中的一项具体程序，也可以独立出来，由其自身的一系列程序组成（见图 7–14）。

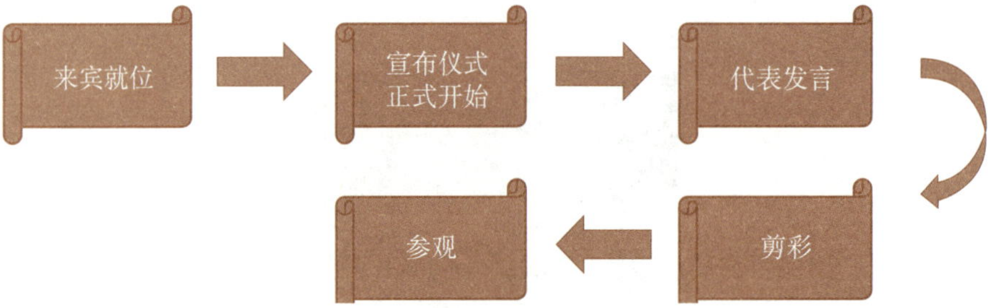

图 7–14　剪彩仪式流程

小贴士

剪彩仪式的其他注意事项

按照惯例，传统剪彩以后，红色花团应准确无误地落入托盘者手中的托盘里，而切勿使之坠地。为此，需要捧花者与托盘者的合作。剪彩者在剪彩成功后，可以右手举起剪刀，面向全体到场者致意，然后把剪刀、手套放于托盘上，举手鼓掌。

百礼齐鸣

剪彩仪式档次的高低，往往也同剪彩者的身份密切相关。某公司为了宣传效应，剪彩者全部邀请了社会名流，你觉得合适吗？

任务四　庄重有序做好交接仪式

见微知礼

微课：庄重有序做好交接仪式

案例导入

10月7日，“会晤全球　展开世界”×市黄河国际会展中心竣工交接仪式暨首展倒计时揭幕举行。绿地集团在×市起步区打造的城市新地标——黄河国际会展中心首期项目在万众瞩目中迎来竣工交接。全球净展面积最大的国际会展中心的世界首展正式进入倒计时阶段。绿地集团副总裁、区域管理总部总经理薛××，绿地集团山东区域管理总部副总经理刘××，总经理助理、区域总经理郭×，中建八局第二建设有限公司副总经理苑××，上海绿地汉诺威会展有限公司总裁奥××，振威国际会展集团常务副总裁、天津振威会展集团股份有限公司总经理杨××等出席交接仪式。

从空中俯瞰黄河国际会展中心，恢宏壮观的登陆厅格外引人注目，超75米的钢结构玻璃穹顶，宛若一颗璀璨的明珠镶嵌在黄河岸边，被当地民众亲切地称为“黄河之眼”，赋予了其美好的祝福和期望。

薛××在致辞中表示，会展产业正成为全球经济新形势、新格局下的重要增长点。绿地集团将持续对标国际先进标准，整合全球优质资源，高水平建设、高质量运营，把黄河国际会展中心打造成城市发展的新名片、新地标，进一步提升某市会展业的品牌化、国际化、市场化水平，助力某市全面开启黄河时代，打造国内领先、国际知名的国际会展名城，为加快建设“强新优富美高”新时代社会主义现代化强省会贡献绿地力量。

苑××表示，作为黄河国际会展中心的承建者，中建八局二公司备感使命光荣，同时也深感责任重大。会展中心首展区的顺利竣工，意味着工程建设步入新阶段。接下来，中建八局二公司将持续对标国际先进理念，全力保障酒店区域和S系列馆的建设，确保按要求节点完成施工任务，为我市打造世界一流的会展产业新地标。

郭×将印有“会晤全球 展开世界”字样的旗帜交予奥××手中，标志着会展首期圆满竣工、顺利移交运营单位，“黄河之眼”正式华丽绽放。

分析：

交接仪式既是商务伙伴们对合作成功的庆贺，也是对给予过自己关怀、支持、帮助和理解的社会各界的答谢，又是接收单位与施工、安装单位巧妙地利用时机，为双方各自提高知名度和美誉度的一种公共宣传活动。按惯例，在交接仪式上，须由有关各方的代表进行发言。他们依次应为：施工、安装单位的代表，接收单位的代表，来宾代表，等等。这些发言一般均为礼节性的发言，并以喜气洋洋为主要特征，通常宜短忌长，只需要点到为止。

交接仪式一般是指施工单位依照合同将已经建设、安装完成的工程项目或大型设备，如厂房、商厦、宾馆、办公楼、机场、码头、车站，或飞机、轮船、火车、机械、物资等，经验收合格后正式移交给使用单位时所举行的庆祝典礼。

一、交接仪式的准备

（一）来宾的邀请

一般应由交接仪式的东道主——施工、安装单位负责来宾的邀请。在具体拟定来宾名单时，施工、安装单位亦应主动征求自己的合作伙伴——接收单位的意见。交接仪式的出席人员应当包括：施工、安装单位的有关人员，接收单位的有关人员，上级主管部门的有关人员，当地政府的有关人员，行业组织、社会团体的有关人员，各界知名人士、新闻界人士以及协作单位的有关人员等。

在上述人员中，除施工、安装单位与接收单位的有关人员外，对于其他所有人员，均应提前送达或寄达正式的书面邀请函，以示对对方的尊重。

（二）现场的布置

在对举行交接仪式的会场进行选择时，通常应视交接仪式的重要程度、全体出席者的具体人数、交接仪式的具体程序与内容，以及是否要求对其进行保密等几个方面的因素而定。

根据常规，一般可将交接仪式的举行地点安排在已经建设、安装完成并已验收合格的工程项目或大型设备所在地的现场。有时，亦可酌情安排在东道主单位本部的会议厅，或者由施工、安装单位与接收单位双方共同认可的其他场所。

在交接仪式的现场，可临时搭建一处主席台。必要时，应在其上铺设一块红地毯，预备足量的桌椅。在主席台上方，应悬挂红色巨型横幅，上书交接仪式的具体名称，如"×× 工程交接仪式"，或"热烈庆祝 ×× 工程正式交付使用"。

在举行交接仪式的现场四周，尤其是在正门入口处、干道两侧、交接物四周，可酌情悬挂一定数量的彩带、彩旗、彩球，并放置一些色泽艳丽、花朵硕大的盆花，用以美化环境。

来宾所赠送的祝贺性花篮，可依照约定俗成的顺序，如"先来后到""不排名次"等将其呈一列摆放在主席台正前方，或是分成两行摆放在现场入口处门外的两侧。

（三）物品的预备

交接仪式必不可少的是作为交接象征之物的有关物品，主要有验收文件、一览表、钥匙等。

验收文件，多指已经公证的、由交接双方正式签署的接收证明性文件。

一览表，是指交付给接收单位的全部物资、设备或其他物品的名称、数量明细表。

钥匙，是指用来开启被交接的建筑物或机械设备的钥匙。在一般情况下，因其具有象征意味，预备一把即可。

二、交接仪式的程序

交接仪式的程序如图 7–15 所示。

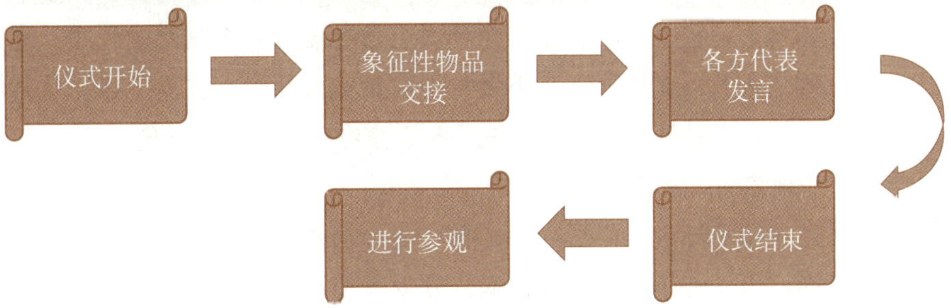

图 7–15　交接仪式的程序

百礼齐鸣

被邀请参加交接仪式时，为表示祝贺之意，可向东道主一方赠送一些贺礼，你觉得哪些礼物比较合适？

任务五 对等轮换进行签约仪式

见微知礼

微课：对等轮换进行签约仪式

案例导入

签约仪式是各项合作中常见的活动流程。提到签约仪式，人们脑海中浮现的场景往往是几位参与签约的人员坐在签约台上，白纸黑字将协议签好。

随着科学技术的不断发展，签约人员可以直接在手机或平板电脑等电子设备上签名，并在大屏幕上同步显示签名过程，让所有参与者都可以通过屏幕感受整个签名过程。

相比之下，这种签约新形式消除了传统纸质签约的单调乏味，具备满满的科技感，同时也为主办方带来了极大的便利。

签约仪式基本上是整个战略合作签约仪式上最重要的一个仪式流程了，在以往大多是使用一两张桌子，双方代表坐下来在对应的纸质协议上完成签字。这样的画面比较单调枯燥，起不到很好的宣传效果。电子签约相比较有以下优势：

优势一：外地签约，无须等待

对于需要在异地签订合同的用户，选择电子合同避免了纸质合同必须面对面或快递邮寄的困难。通过电子合同平台，双方可以使用电脑或手机远程查阅和签订合同，不出门即可完成合同签订，大大提高了业务效率。

优势二：节约人力，降低成本

传统的纸质合同签订需要经过起草、打印、邮寄、审计、签名（盖章）、扫描、归档等环节，花费了大量的成本，每个环节也需要多个相关人员操作。而使用电子签约的形式，只需要三个步骤：起草、签名（盖章）、归档。整个过程都在线操作，为企业节省了大量的人力、物力和时间成本。

优势三：认证方便，安全可靠

实名认证是电子合同签订中最重要的部分。为了满足《中华人民共和国电子签名法》对可靠电子签名的要求，电子签名需要确定签名人身份信息的真实性，确保签订的合同是签名人的真实意图表达，防止假冒或冒充他人签名。电子签名平台一般会支持个人和公司的各种实名验证方法，签名人根据实际情况选择其中一种即可，方便快捷，也保证了签署的合同具有法律效力。

分析：

成功的签约仪式是一项具有很高价值的宣传营销活动。传统的签约仪式，即签约双方在活动现场的合约上签名。科技型签约仪式，即现场设置大屏幕，签约方上台签名。签名实时在大屏幕展示，可快速完成一对多、多对多签约。随着科技的不断发展，越来越多的签约活动开始采用电子签约方式，现场仪式感更强。

签约仪式是组织与合作方经过会谈、协商形成的某项协议或协定，再互换正式文本的仪式。签约仪式是一种比较隆重的活动，礼仪规范也比较严格。

一、签约仪式的准备

签约仪式是组织具有里程碑意义的大事，组织应予以充分准备，做到万无一失。签约仪式筹备流程如图 7–16 所示。

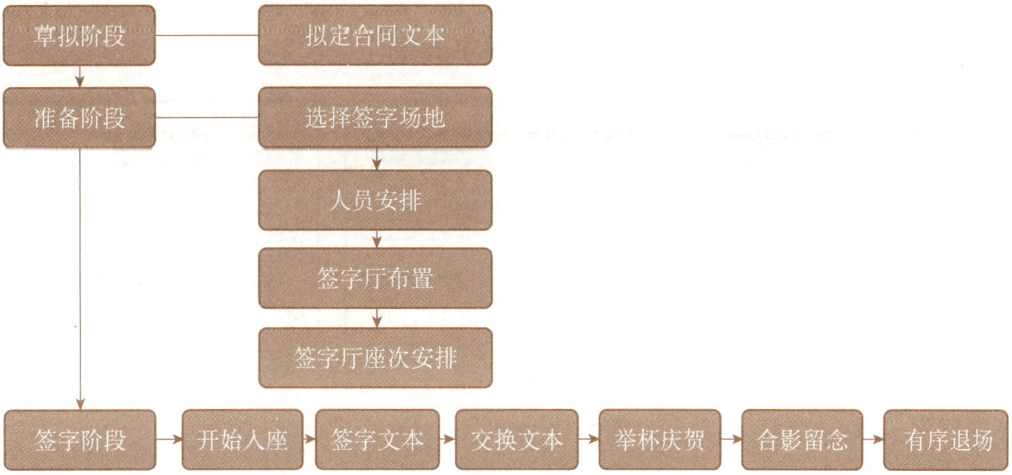

图 7–16　签约仪式筹备流程

（一）准备待签文本

洽谈或谈判结束后，双方应指定专人按谈判达成的协议做好待签文本的定稿、翻译、校对、印刷、装订、盖印等工作。文本一旦签字就具有法律效力，因此，对待文本的准备应当郑重而严肃。

在准备文本的过程中，除了要核对谈判协议条件与文本的一致性，还要核对各种批件，主要是项目批件、许可证、设备分交文件、使用外汇的有关证明、订货卡等是否完备，合同内容与批件内容是否相符等。审核文本必须对照原稿件，做到一字不漏，对审核中发现的问题要及时互相通报，通过再谈判达到谅解、一致，并相应调整签约时间。在协议或合同上签字的有几个单位，就要为签字仪式提供几份样本。如有必要，还应为各方提供一份副本。与外商签订相关协议、合同时，按照国际惯例，待签文本应同时使用宾主双方的母语。

待签文本通常应装订成册，并以仿皮或其他高档材料作为封面，以示郑重。其规格一般为大八开，所用的纸张务必高档，印刷务必精美。作为主方应为文本的准备提供准确、周到、快速、精美的条件和服务。

（二）布置签约场地

签约场地既有常设专用，也可以临时以会议厅、会客室来代替。布置签约场地的总原则是庄重、整洁、清净。

一间标准的签约厅，签字用桌椅是必要的，不需要多余的陈设。正规的签字桌应为长桌，桌上最好铺设深色的台呢。

双边签约仪式的位次排列规则有三点：第一，签字桌横放于签字厅内；第二，双方签字者面门而坐，宾右，主左；第三，双边仪式参加者列队站于签字者之后，中央高于两侧，右侧高于左侧。多边签字仪式则只摆一张座椅，签字者依某种约定的顺序依次上前签字，而不像双边签字仪式一样大家平起平坐，同时签名（见图 7–17）。

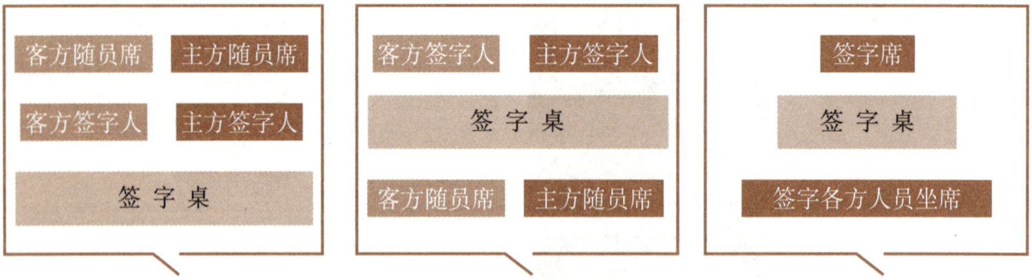

并列式签字排位　　相对式签字排位　　主席式签字排位

图 7–17　签约仪式排位

在签字桌上，应事先安放好待签文本，以及签字笔、吸墨器等签字时所用的文具。

与外商签署涉外商务合同时，须在签字桌上插放有关各方的国旗。插放国旗时，在其位置与顺序上，必须依照礼宾序列而行。签署双边性文本时，有关各方的国旗须插放在该方签字人座椅的正前方。签署多边性合同、协议等时，各方的国旗应依一定的礼宾顺序插在各方签字人的身后。

小贴士

签约仪式中的轮换制

签约应遵守"轮换制"的国际惯例，也就是签字者应先在自己一方保存的文本左边首位处签字，然后交换文本，在对方保存的文本上签字。这样可使双方都有一次机会在首位签字。在对方文本上签字后，应由自己与对方签字者互换文本，而不是由助签者代办。

二、签约仪式的程序

虽然签约仪式的时间不长，但它是合同、协议签署的高潮，其程序应遵循规范、庄重、热烈的原则。签约仪式的程序如图 7–18 所示。

嘉宾入座 → 签署文本 → 交换文本 → 举杯庆贺 → 合影留念 → 有序退场

图 7–18　签约仪式的程序

视频：签约仪式

百礼齐鸣

签约仪式应遵守"轮换制"的国际惯例。从"轮换制"中你体会到了哪些礼仪的内涵呢？

项目实施

项目分解	活动安排	任务内容	项目成果
企业观摩	集体活动，校内教师安排	通过现场观摩，了解书香酒店集团特色、经营模式、文化理念。	调研报告

续表

项目分解	活动安排	任务内容	项目成果
课题研究	分组活动，校内教师指导	搜集相关资料，了解开业、交接、剪彩、签约、庆典等常见的商务仪式的礼仪规范和程序。	研究报告、PPT汇报、视频分享（可选）
情境展示	分组策划，校内教师指导	创设书香酒店集团大楼交付使用、书香酒店集团成立开业剪彩、一周年庆典品牌活动、系列签约仪式等相关场景，角色代入、情境模拟，分组展示。	现场展示、视频展示（可任选）

项目评价

考核项目	考核内容	分值	自评（20%）	小组（40%）	教师（40%）	得分
企业观摩	准备充分，目标明确，深入分析，结果客观	20				
课题研究	方案明确，方法合理，全面深入，重点突出	20				
情境展示	情境合理，表现大方，礼仪规范准确到位	30				
工作态度	参与度、积极性	10				
团队合作	分工与合作情况	10				
创新创意	原创性、新颖性	10				
					总　分	

项目拓展

一、知书达礼

1. 单选题

（1）准备开业仪式，要事先安排好哪方面的工作？（　　）

A. 舆论宣传，来宾邀请　　B. 场地布置，接待服务

C. 礼品馈赠，程序拟定　　D. 以上均要

（2）参加开业典礼，按常规都应带上贺礼，但（　　）不可作为礼品以示祝贺。

A. 花篮　　　B. 牌匾　　　C. 楹联　　　D. 现金

（3）下列有关剪彩仪式说法错误的是（　　）。

A. 剪彩仪式可以单独举行

B. 剪彩人员最好要有政府、企业等各方面的代表

C. 礼仪小姐要训练有素

D. 根据剪彩者的时间安排，谁有空谁来

（4）签字厅的布置要庄重、整洁、清净，一间标准的签字厅内应该放置（　　）。

A. 地板　长桌　红色台呢　　B. 地板　圆桌　绿色台呢

C. 地毯　长桌　绿色台呢　　D. 地毯　圆桌　红色台呢

2. 多选题

（1）以下关于庆典活动场地的选择，说法正确的是（　　）。

A. 本单位的礼堂、会议厅　　B. 本单位内部或门前的广场

C. 外借的大厅　　D. 不能安排在室外

（2）以下对签署多边合同时的表达正确的是（　　）。

A. 可以仅放一张座椅，供各方签字人签字时轮流就座

B. 可以为每位签字人各提供一张座椅

C. 按照国际礼宾次序，各国代表依次在合同上留下他们的签名

D. 可能会设立一个主座，由合同的保管国代表首先签字

二、躬行践礼

1. 以5人为一组，为朝阳文化传媒公司10周年庆典活动拟定方案，要求方案体现可行性、独特性、经济性、实效性，并分角色模拟。

2. 朝阳公司与旭日公司通过长期谈判，就合作事项达成了共识，计划签订合作协议，双方参与人员规格对等、人数相当，请组织模拟签约仪式完整流程。

3. 朝阳公司举行新项目开工剪彩仪式，邀请了市政府相关领导和当地各界名流参加。请按照流程和礼仪要求模拟剪彩仪式。

三、品礼鉴仪

中华传统人生礼俗

中华传统人生礼俗，又称中华传统生命礼俗，是指自先秦时期以来形成的贯通个体生命所有重要人生节点的一系列礼仪活动和风俗习惯，是中国古人生命礼仪进程的基本遵循。传统人生礼俗大体涵盖诞育礼，入泮礼，成人礼（男子冠礼、女子笄礼），婚礼，社交礼（燕礼、饮酒礼、射礼等），养老礼（三老五更礼），丧祭礼等。这些内容囊括了一个

人一生当中的重要生命节点。

诞育礼包括孕中祈福、产后送祝米、办满月酒、过百岁、命名、抓周等，既表达了人们对新生命的重视，也是人生礼仪进程的开端。《诗经・小雅・斯干》：“乃生男子，载寝之床。载衣之裳，载弄之璋……乃生女子，载寝之地。载衣之裼，载弄之瓦。”让新生男儿把玩玉璋，希望他将来能够知礼入仕；让新生女儿把玩纺锤，希望她将来可以善于女红。

古人到了该上学的年纪则要举行入泮礼。周代王都学校四周设有圆如玉璧的环水，名为“辟雍”，而诸侯国的学校则是半水环绕，称为“泮宫”。入泮就是入学，入学需要举行拜师礼，入学之后还要按时举行释奠、释菜诸礼，礼敬古圣先贤。

男子20岁举行冠礼，女子15岁举行笄礼。加冠、加笄是成人的标志，因为举行成人礼也就意味着脱离了幼年，所以长辈会以“弃尔幼志，顺尔成德；寿考惟祺，介尔景福”（《仪礼・士冠礼》）等语加以祝福和勉励。男子成人以后才有资格参与乡里的社交礼仪。

婚礼，古作“昏礼”，包括纳采、问名、纳吉、纳征、请期、亲迎六大环节。

乡射礼和大射仪分别是卿大夫与诸侯主持的习射比赛，宴饮之礼则包括燕礼、饮酒礼等，这些礼仪都是古代社会社交活动的重要形式。尊老奉老、祝寿庆生、三老五更等内容则构成了一套养老礼体系。郑玄认为“三老五更”是说老人熟稔“三德五事”，孔颖达正义：“三德，谓正直、刚、柔；五事，谓貌、言、视、听、思也。”（《资治通鉴卷第一百六十九・陈纪三》）

老人离世之后，后人需举行丧礼送别，其中又包括殡礼、葬礼等环节。守丧需要穿丧服，丧服的轻重根据血缘亲疏关系而定，包括斩衰、齐衰、大功、小功、缌麻等。到清代，子女都要为父母守丧三年，因为一个婴儿只有过了三岁才能免于父母之怀。孔子曾说：“夫三年之丧，天下之通丧也。”（《论语・阳货》）三年丧期过后，每到清明、中元、除夕等祭祀节点，后人还需到墓地或家庙进行祭拜，以表怀念之情。

中华传统人生礼俗涉及中国古人的每一个重要生命节点，古人也因此一生有礼可循。

四、推荐阅读

《中国传统节日的仪式》

作者　王昕朋

本书详细介绍了传统节日的风俗，包括各民族风俗，使读者能更加真切地感受到传统节日蕴含的人文内涵，触摸到中华文化的脉搏。本书每一章选编了数首吟诵节日的古诗词，带领读者探寻诗人笔下的节日风俗。此外，本书最后一章介绍了二十四节气的民风民俗，让读者充分领略传统文化的魅力。

作者在书中倡导了一种全新的生活态度：幸福生活需要仪式感。有仪式感的人会把将就的日子过成讲究的生活，让每一个普通的日子都变得有趣和值得纪念。

参考文献

[1] 徐汉文，张云河．商务礼仪［M］．3 版．北京：高等教育出版社，2021.

[2] 史锋．商务礼仪［M］．5 版．北京：高等教育出版社，2021.

[3] 张岩松．公共关系与商务礼仪［M］．2 版．北京：清华大学出版社，2021.

[4] 张彤．社交礼仪与交往艺术［M］．西安：西安电子科技大学，2021.

[5] 吕大鹏，俞国明，刘姗．企业新闻发布会并不难［M］．北京：中国经济出版社，2020.

[6] 吴蕴慧．现代礼仪实训（慕课版）［M］．镇江：江苏大学出版社，2019.

[7] 李荣建，周静．现代礼仪［M］．2 版．北京：中国人民大学出版社，2023.

[8] 孙金明，刘繁荣，王春凤．商务礼仪实务［M］．2 版．北京：人民邮电出版社，2016.

[9] 金正昆．商务礼仪教程［M］．6 版．北京：中国人民大学出版社，2019.

[10] 张琳，朱博芳．职场礼仪员工手册［M］．北京：企业管理出版社，2018.

[11] 理想．我的第一本职场礼仪细节全书［M］．北京：中国纺织出版社，2017.

[12] 袁涤非．商务礼仪实用教程［M］．北京：高等教育出版社，2016.

[13] 海英．礼仪中国［M］．北京：北京师范大学出版社，2021.

[14] 黄玉峰，周唯信．东方情商：中国古代交际艺术［M］．上海：复旦大学出版社，2000.

[15] 徐甡民．古人职场那些事儿［M］．南昌：百花洲文艺出版社，2020.

[16] 吉远慧．高效能会议：从提升组织效能到实现组织进化［M］．北京：机械工业出版社，2023.

[17] 王昕朋．中国传统节日的仪式［M］．北京：新华出版社，2020.

后　记

本教材在编写的过程中得到了众多师生、企业专家的关心和支持。我们深受鼓舞，倍感欣慰。

参与本教材图片制作和案例拍摄的同学有来自各年级、各专业的学生，他们有的已毕业多年，有的刚刚步入大学。参与实践操作环节拍摄的老师和同学主要有：汤雯（企业兼职教师）、李超逸（兼职教师）、林颖萃、崔石磊、杜浩、毛志晗、梁冰、郭艳强、王方园、刘文、李洁、李文洁、陆悦、单思伟、程济阳、谭聖、黄涛、刘龙龙、周敏、黄晓姝、崔荣建、鲍奕蕾、杨玲等。

本教材餐饮服务和会务服务采用苏州书香服务股份有限公司内部标准，教材中展示的视频也作为苏州书香服务股份有限公司的培训资料。教材案例编写和综合项目手册也得到校企合作企业的精心指导，尤其是得到了苏州书香服务股份有限公司领导和员工的大力支持，在此表示衷心的感谢。

本教材与时俱进，博采众长，借鉴并引用了一些书籍、文献资料和网络资料，在此一并致以衷心的感谢。由于编者的能力、水平有限，教材中存在疏漏之处在所难免，恳请使用教材的师生、读者给予批评指正，并提出宝贵的意见。如有未尽之处，还望见谅。

主编

“十四五”职业教育江苏省规划教材

“十三五”江苏省高等学校重点教材

新编21世纪高等职业教育精品教材 · 通识课系列

现代礼仪技能（第二版）综合项目手册

MODERN ETIQUETTE SKILLS

主　编 ◎ 吴蕴慧

副主编 ◎ 赵　睿　李耀华　杨群欢　陆锋明　江夏清

中国人民大学出版社

· 北京 ·

综合项目手册

项目实施流程

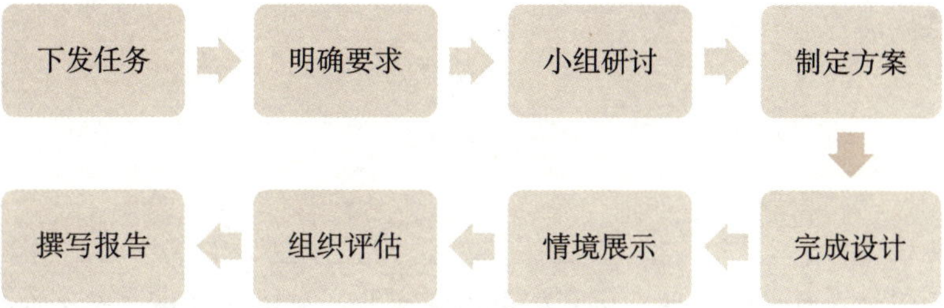

图 1　综合项目实施流程

项目预期目标

知识

领悟礼仪的内涵和精神，掌握交际活动中的礼节规范和职业活动中的仪式规范。

技能

能得体地塑造职业形象，能恰当地进行人际交往，能为职业活动提供高质量的礼仪服务。

素养

继承中华民族讲礼重仪的优良传统，涵养内外兼修的美育美善，滋育真诚尊重的交往之道，培养爱岗敬业、精益求精的职业素养。

图 2　综合项目知识、技能、素养目标

项目考核评价

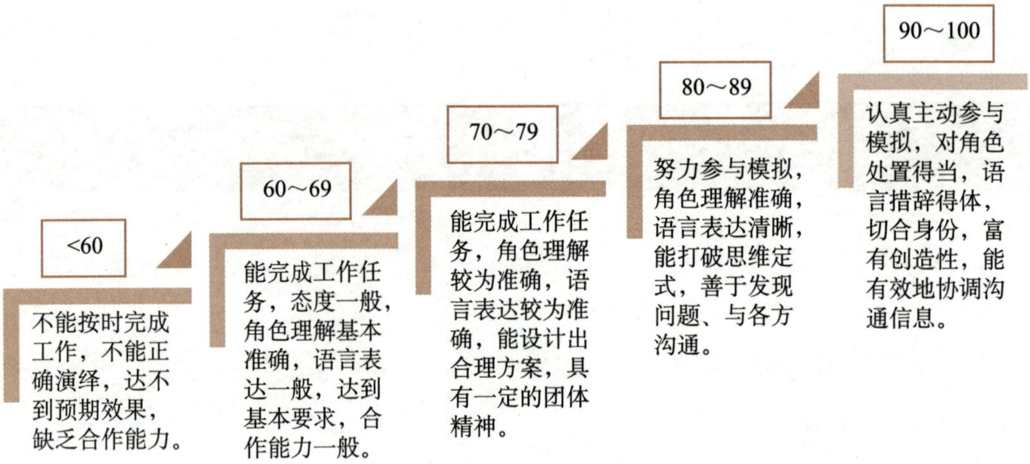

图 3　综合项目评价标准

项目任务

综合项目一

【项目描述】

曦霞礼仪培训公司是国内领先的礼仪咨询管理与礼仪培训机构，在多个领域与中国一流的企业进行合作，为全国很多家企业提供管理咨询与礼仪培训服务。一直以来，曦霞礼仪培训公司的讲师都有专业从事礼仪培训 5 年以上的经历，公司成功地为众多顶尖企业打造了礼仪培训项目，积累了丰富的培训经验。曦霞礼仪培训公司率先推出“CIS 企业员工行为识别系统培训”方案，率先推出礼仪培训课程考核评估机制——行为模拟 + 笔试卷面，是全国少数推出“礼仪管理”课程的培训机构之一。

曦霞礼仪培训公司培训最大的特点是充分体现培训的“对象化”，根据单位的具体情况、培训要求，量身设计单位内训所有礼仪课，拥有完善的课程体系。

【工作任务】

1. 掌握行业礼仪的基本宗旨，熟悉不同行业的礼仪特点，将所学的礼仪知识灵活运用到行业之中。根据行业特点进行礼仪培训，提高员工素质，提升行业形象。

2. 以曦霞礼仪培训公司培训师的身份，通过深入浅出的讲解和有针对性的演练、角色扮演、游戏等方式，分别为不同行业开发设计礼仪培训课程，体现银行、商店、宾馆、旅游等工作人员及政务人员的职业礼仪规范。

【项目实施】

1. 学生根据自己的专业选择一个行业开发礼仪培训项目。

2. 全班学生分成若干小组，以小组为单位组织情境模拟，小组成员轮流担任礼仪培训师。

【工作记录】

周序（教学周序）：	日期：　　月　　日	星期：	地点：
任务分工			
文案设计			
完成情况			
资料剪影（可将模拟视频制作成二维码）			
总结反思			

【项目评价】

被考核人：　　　　　　　　　　　　　　　　模拟角色：

考核项目	考核内容	分值	自评（20%）	小组（40%）	教师（40%）	得分
1. 形象设计	仪容、仪表、仪态	20				
2. 语言表达	内容、措辞、技巧	20				
3. 礼仪规范	具体礼节运用	30				
4. 文案内容	符合主题	10				
5. 团队合作	分工与合作情况	10				
6. 创新创意	原创作品	10				
					总　分	

【精彩花絮】

1. 为自己或团队设计一张宣传海报。

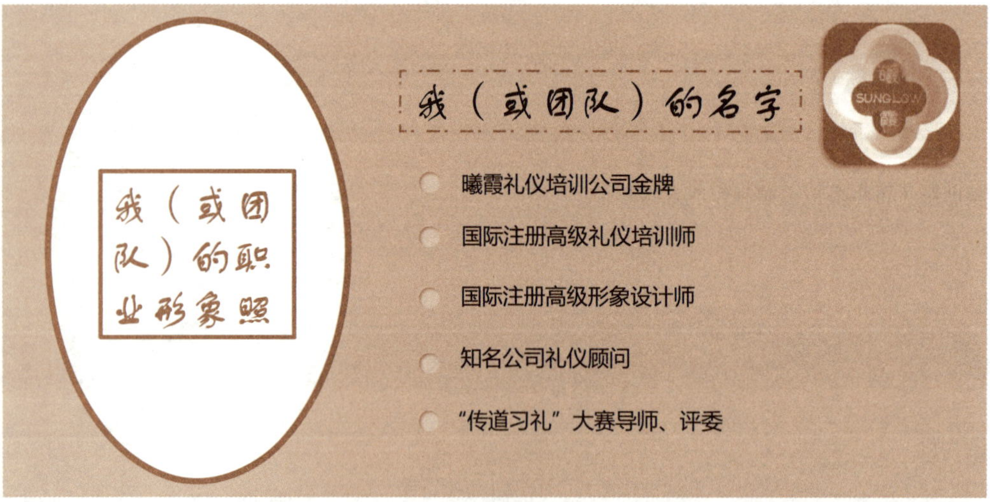

图 4　宣传海报

2. 以小组成员为模特，制作礼仪规范图解。

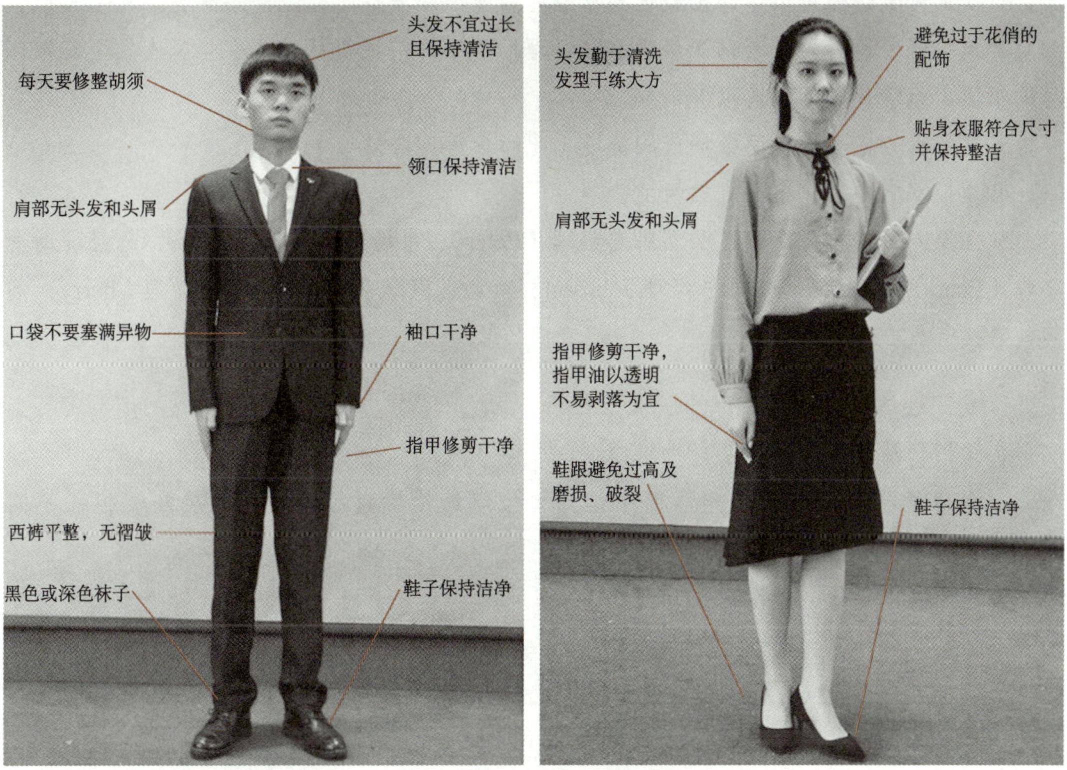

图 5　个人礼仪规范图解

综合项目二

【项目描述】

奇梦达公司是全球 DRAM 内存产品的主要供应商，并于 2006 年 8 月 9 日在纽约证券交易所上市。奇梦达主要进行 300mm 晶圆生产，提供 PC 及服务器市场的 DRAM 产品。Gateway 于 1985 年在美国中西部创立，目前已经成长为一个世界最知名的技术品牌，拥有数百万满意的客户。

美国发生次贷危机，引发全球金融风暴。在这样的压力之下，两家公司同样面临一些问题。Gateway 公司欲将原先 1 000 万元订单缩减至 500 万元，但是奇梦达公司根据仓库保管资料，目前已有 900 万元成品。针对这一突发情况，奇梦达公司韩总经理决定邀请美方代表到国内与之进行商务谈判。

Gateway 公司代表应约到来，奇梦达公司市场部王经理和总经理助理小许前往机场接机，并领其至宾馆休息。

第二天，双方代表进行商务谈判，最终达成协议，决定缩减 200 万元订单。谈判结束后，双方并择日举行了签字仪式。

【工作任务】

1. 模拟奇梦达公司市场部王经理和总经理助理小许准备商务洽谈的情境；

2. 模拟奇梦达公司市场部王经理和总经理助理小许前往机场接机、将客人领至宾馆休息的情境（此场景用英语模拟）；

3. 模拟双方代表进行商务洽谈的情境（此场景用英语模拟）；

4. 模拟双方举行签字仪式的情境；

5. 主要人员安排：奇梦达公司韩总经理（Peter）、市场部王经理（Judy）、总经理助理小许（Echo）；Gateway 公司总经理 Johnson、市场部经理 Tinna、总经理助理 Cherry；酒店前台接待员。

【项目实施】

1. 请根据情境描述，分角色进行模拟；

2. 全班学生分成若干小组，以小组为单位组织情境模拟，小组成员轮流担任不同角色；

3. 根据案例背景合理设计谈判内容。

【工作记录】

周序（教学周序）： 日期： 月 日 星期： 地点：
任务分工
文案设计
完成情况

续表

资料剪影（可将模拟视频制作成二维码）
总结反思

【项目评价】

被考核人：　　　　　　　　　　　　　　模拟角色：

考核项目	考核内容	分值	自评（20%）	小组（40%）	教师（40%）	得分
1. 形象设计	仪容、仪表、仪态	20				
2. 语言表达	内容、措辞、技巧	20				
3. 礼仪规范	具体礼节运用	30				
4. 场景设计	场景明确、合理	10				
5. 团队合作	分工与合作情况	10				
6. 创新创意	鼓励用双语模拟	10				
					总　分	

【精彩花絮】

图 6　办公室工作场景

图 7　机场接机场景

综合项目三

【项目描述】

华宇汽车有限公司成立于2000年，是国内一家超大型汽车集团，旗下拥有一汽马自达、长安马自达、一汽大众、一汽奥迪、一汽红旗等知名品牌汽车4S店。华宇汽车有限公司是按照高标准规划、高起点建设的汽车4S店。“为用户满意，为市场负责”是华宇的指导思想。全体员工严格按照华宇汽车的管理模式，以最规范的接待、最先进的设备、最专业化的修理、最纯正的原厂备件、最合理的工时收费为广大用户提供汽车上牌、保险、售前、售中、售后一条龙服务。

一天上午，经销店展厅来了一位30岁左右的男顾客，打算购买一台价廉物美的代步工具。下午，一对夫妇开车来到经销店，打算再购买一台高性价比的品牌系列车。销售顾问王凯热情地接待了他们，并最终达成交易。

表1　1号顾客背景信息及对应要求

核对点			详细信息
相关信息	顾客信息	姓名·年龄·驾龄	王先生，28岁，未婚，刚领驾照
		职业	大学教师
		兴趣	打球、会友
	来店时心情	准备于近期选购一款新车，但还没有确定选购的车型。下班回家的路上，顺便来经销店看看。	
顾客的想法	关于新车	购车经验	新购车
		主要使用者·用途	主要是上下班代步使用
		顾客本人对新车的期待	注重车辆的使用性能、灵活性以及综合性价比
		购车预算	
		其他关注点	
	关于竞争车型	最近看过的车型	
		顾客对看过车型的看法	
顾客表现	顾客进入经销店后，尚未确定具体选购车型，对……表现出一定程度的关心。		

表2　2号顾客背景信息及对应要求

<table>
<tr><th colspan="3">核对点</th><th>详细信息</th></tr>
<tr><td rowspan="6">相关信息</td><td rowspan="3">顾客信息</td><td>姓名·年龄·驾龄</td><td>李先生（33岁、驾龄8年），李太太（30岁、驾龄3年）</td></tr>
<tr><td>职业</td><td>李先生为某贸易公司总经理，李太太目前为全职家庭主妇</td></tr>
<tr><td>兴趣</td><td>健身、购物等</td></tr>
<tr><td>来店时心情</td><td colspan="2">已经看过竞争车型的相关信息，休息日来经销店看一下。想拿一些商品资料以便做进一步的考虑。</td></tr>
<tr><td rowspan="2">保有车辆</td><td>车型·购入年限</td><td>帕萨特，5年前购入</td></tr>
<tr><td>主要使用者·用途</td><td>主要是李先生上下班代步使用</td></tr>
<tr><td rowspan="7">顾客的想法</td><td rowspan="5">关于新车</td><td>购车经验</td><td>二次购车，主要是为李太太选购一款车</td></tr>
<tr><td>主要使用者·用途</td><td>李太太本人作为日常使用</td></tr>
<tr><td>顾客本人对新车的期待</td><td>重视操控及日常使用的简易度、综合性价比，希望车辆外观漂亮、体面</td></tr>
<tr><td>购车预算</td><td></td></tr>
<tr><td>其他关注点</td><td></td></tr>
<tr><td rowspan="2">关于竞争车型</td><td>最近看过的车型</td><td></td></tr>
<tr><td>顾客对看过车型的看法</td><td></td></tr>
<tr><td>顾客表现</td><td colspan="3">顾客进入经销店后，走向……并对该车表现出一定程度的关心。</td></tr>
</table>

【工作任务】

1. 请根据自己对汽车品牌系列的了解，将两位顾客信息资料补充完整；

2. 按照汽车销售中顾客接待、需求分析及商品说明的流程，完成从顾客进门、洽谈业务到送客的整个接待流程；

3. 严格规范接待动作和接待礼仪，主动积极地应对顾客，从顾客满意到顾客感动；

4. 对于顾客的提问，做出清晰明了的回答，打消顾客疑虑，为引导顾客需求做好准备；根据顾客的需求，给顾客合适的建议。

【项目实施】

1. 请根据情境描述，分角色进行模拟；

2. 全班学生分成若干小组，以小组为单位组织情境模拟，小组成员轮流担任不同角色；

3. 模拟之前需上网了解相关品牌汽车信息，根据案例描述，台词可自由设计。

【工作记录】

周序（教学周序）：　　　　日期：　　月　　日　　星期：　　　　地点：
任务分工
文案设计
完成情况
资料剪影（可将模拟视频制作成二维码）
总结反思

【项目评价】

被考核人：　　　　　　　　　　　　　　模拟角色：

考核项目	考核内容	分值	自评（20%）	小组（40%）	教师（40%）	得分
1. 形象设计	仪容、仪表、仪态	20				
2. 语言表达	内容、措辞、技巧	20				
3. 礼仪规范	具体礼节运用	30				
4. 场景设计	场景明确、合理	10				
5. 团队合作	分工与合作情况	10				
6. 创新创意	设计合理的矛盾冲突	10				
					总　分	

【精彩花絮】

图 8　接待客户场景

图 9　与客户交谈场景

综合项目四

【项目描述】

豪杰股份有限公司是一家厨房电器及炊具产品研发、制造商，有炊具、小家电、厨卫家电三大领域 600 多个规格的产品。其品牌的触角延伸至厨房生活的方方面面。

公司创立伊始就率先推出执行国家新标准的压力锅产品，并独创“安全到家”的品牌诉求，使豪杰牌压力锅一举成为国内压力锅市场的领头羊。压力锅产品连续八年在国内市场占有率第一，20 世纪 90 年代被轻工总会誉为“中国压力锅第一品牌”。

最近，由于有顾客使用豪杰牌一款新型电高压锅时操作不当，导致人身伤害事故。客户前往公司投诉，正值售后服务部张经理赴广州分公司出差，经理助理小刘接待并进行了相关处理。她不仅妥善解决了客户的投诉，而且从容应对了媒体的采访，保住了公司的声誉。

【工作任务】

1. 模拟售后服务部经理助理小刘处理客户投诉、接受媒体采访的情境；

2. 人员安排：售后服务部经理助理小刘、售后服务部张经理、投诉客户董女士、阳光报社记者小徐。

【项目实施】

1. 请根据情境描述，分角色进行模拟；

2. 全班学生分成若干小组，以小组为单位组织情境模拟，小组成员轮流担任不同角色；

3. 根据案例内容设计公司危机事件处理流程。

【工作记录】

周序（教学周序）：	日期：　月　日	星期：	地点：
任务分工			
文案设计			
完成情况			
资料剪影（可将模拟视频制作成二维码）			
总结反思			

【项目评价】

被考核人：　　　　　　　　　　　　　　　　模拟角色：

考核项目	考核内容	分值	自评（20%）	小组（40%）	教师（40%）	得分
1. 形象设计	仪容、仪表、仪态	20				
2. 语言表达	内容、措辞、技巧	20				
3. 礼仪规范	具体礼节运用	30				
4. 场景设计	场景明确、合理	10				
5. 团队合作	分工与合作情况	10				
6. 创新创意	设计合理的矛盾冲突	10				
					总　分	

【精彩花絮】

图 10　接打电话场景

综合项目五

【项目描述】

未来农业科技发展有限公司采用土地流转方式，在青城山镇投资完成了 4000 亩红阳猕猴桃标准化出口示范基地的建设，该基地是目前亚洲最大的连片种植的红阳猕猴桃生产基地。公司 2006 年获得全球良好农业规范认证（GLOBALG.A.P）及 ISO 22000 食品安全管理体系认证。2008 年公司生产的“YY”牌红阳猕猴桃获得省科技成果一等奖。2020 年，国内外环境发生巨大变化，公司销量跌落低谷，大量猕猴桃堆积。

崔总经理召集公司员工开会商讨对策。大家积极建言献策，勇于尝试新型网络销售模式，探索网上直播带货等多种营销方式，最终成功化解危机。

【工作任务】

1. 模拟未来农业科技发展有限公司面对销量低谷困境，召开公司内部高层管理人员紧急会议、商讨对策的情境，各部门负责人纷纷献言建策，提出可行性方案；

2. 模拟公司直播带货的情境，与观众互动，介绍产品、价格、付款方式、运输方式、交货时间等具体问题。

【项目实施】

1. 请根据情境描述，分角色进行模拟；

2. 全班学生分成若干小组，以小组为单位组织情境模拟，小组成员轮流担任不同角色；

3. 根据案例内容设计可行性方案，制作 PPT 并进行汇报。

【工作记录】

周序（教学周序）： 日期： 月 日 星期： 地点：
任务分工
文案设计
完成情况
资料剪影（可将模拟视频制作成二维码）

续表

总结反思

【项目评价】

被考核人：　　　　　　　　　　　　　　　　模拟角色：

考核项目	考核内容	分值	自评（20%）	小组（40%）	教师（40%）	得分
1. 形象设计	仪容、仪表、仪态	20				
2. 语言表达	内容、措辞、技巧	20				
3. 会议礼仪	会前、会中、会后礼仪均要规范	30				
4. 直播设计	布置、过程、互动	10				
5. 团队合作	分工与合作情况	10				
5. 创新创意	可行性方案汇报	10				
					总　分	

【精彩花絮】

图 11　工作汇报场景

图 12　直播间场景

综合项目六

【项目描述】

语译翻译机是人工智能翻译界的翘楚，曾在业内率先提出“听得清、听得懂、译得准、发音美”的AI翻译四大标准。早在2018年，语译翻译机就实现了168个语种的机器自动翻译能力，完成了超过120万条的行业术语、6 000万句定制语料，让语音翻译能够胜任更多的专业领域。以“人工智能建设美好世界”为企业愿景，语译公司的智能语音和翻译技术达到了世界领先水平。2024年，语译公司成功上市。

语译翻译机在语音识别、机器翻译、语音合成以及图文识别等技术上获得重大突破，推出语译翻译机4.0。在新品发布会上，语译公司创始人、首席技术官介绍：语译翻译机4.0能够支持83种语言在线翻译，16种语言离线翻译，16大领域行业翻译，32种语言拍照翻译；率先在业界实现了前后端一体化的语音识别技术，充分利用前端多个麦克风组成麦克风阵列和后端复杂模型的精细建模能力，大幅提升复杂场景下的语音识别率；平均0.5秒出翻译结果，中英在线翻译媲美专业八级，还支持不标准的普通话和中文方言翻译，包容多地外语口音。

语译翻译机4.0自带的5.05英寸定制翻译屏幕方便用户快速浏览译文。创新性融入灯光语言，通过灯光呼吸闪烁直观展现翻译机收音状态，让双方都能更好地掌控说话时机，让沟通更自然。翻译机4.0不仅支持Wi-Fi、共享热点、蓝牙、SIM卡、全球上网流量卡等5种方式全球联网，还可以充当移动Wi-Fi，共享给手机或电脑使用。翻译记录和结果支持同步到手机、电脑，便于后续查阅和使用。

作为亚太地区语音技术和人工智能技术领先企业，语译产品已经成为各大高端会议和重要场合的官方指定翻译机。

【工作任务】

1. 请为语译公司策划上市庆典活动方案，为语译公司创始人、首席技术官撰写庆典仪式上的发言稿，并模拟庆典仪式；

2. 根据案例背景材料，模拟语译翻译机4.0发布会活动，合理设计记者提问环节以及回答内容。

【项目实施】

1. 请根据情境描述，分角色进行模拟；

2. 将全班学生分成若干小组，以小组为单位组织情境模拟，小组成员轮流担任不同角色；

3. 通过小组竞标、师生互评等形式，选出最佳庆典活动方案并模拟展示。

【工作记录】

周序（教学周序）： 日期： 月 日 星期： 地点：
任务分工
文案设计
完成情况
资料剪影（可将模拟视频制作成二维码）
总结反思

【项目评价】

被考核人：　　　　　　　　　　　　　　　　　　　　模拟角色：

考核项目	考核内容	分值	自评（20%）	小组（40%）	教师（40%）	得分
1. 形象设计	仪容、仪表、仪态	10				
2. 语言表达	内容、措辞、技巧	10				
3. 庆典方案	具有可操作性、创意性	30				
4. 新品发布会	会前、会中、会后工作人员礼仪规范	40				
5. 团队合作	分工与合作情况	10				
					总　分	

【精彩花絮】

图 13　新品发布会场景

视频：职场礼仪综合实训 1　　视频：职场礼仪综合实训 2　　视频：职场礼仪综合实训 3